懐かしい沿線写真で訪ねる

学研都市線
大和路線
街と駅の1世紀

生田 誠

◎奈良気動車区　撮影：野口昭雄

CONTENTS

第1部　学研都市線

片町（廃止駅）	8
京橋	10
鴫野	14
放出	16
徳庵	18
鴻池新田	20
住道	22
野崎	24
四条畷	26
忍ケ丘、東寝屋川	28
星田、河内磐船	30
津田、藤阪	32
長尾	34
松井山手、大住	36
京田辺	38
同志社前、JR三山木	40
下狛、祝園	42
西木津、木津	44

第2部 大和路線

JR難波(旧・湊町) ……… 48	久宝寺 ……………… 64	大和小泉 …………… 78
今宮、新今宮 …………… 52	八尾 ………………… 66	郡山 ………………… 80
天王寺 …………………… 54	志紀 ………………… 68	奈良 ………………… 82
東部市場前 ……………… 58	柏原、高井田 ……… 70	佐保(信)、平城山、
平野 ……………………… 60	河内堅上、三郷 …… 72	木津、加茂 ……… 86
加美 ……………………… 62	王寺 ………………… 74	
	法隆寺 ……………… 76	

1982年 (昭和57年)

◎湊町駅　撮影・安田就視

関西本線と片町線の時刻表

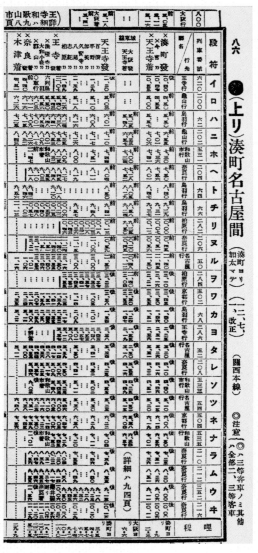

大正12年7月の関西本線(湊町〜木津間のみ掲載)の時刻表。王寺行き、奈良行き等の区間運転列車をはじめ、名古屋行き、鳥羽行きなどの長距離列車も見られる。

大正12年7月の片町線の時刻表。片町〜木津間の直通列車(蒸気機関車牽引)で、所要時間は2時間15分ほどであった。

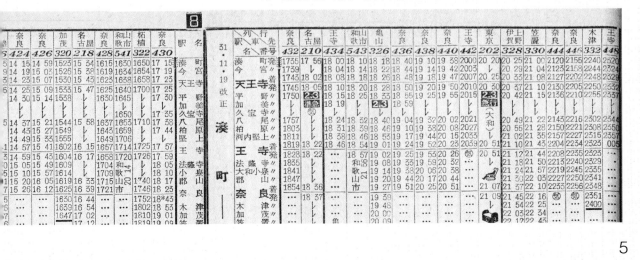

昭和31年11月の片町線(電化区間)の時刻表。片町〜長尾間の所要時間は、現在の普通列車よりも5〜10分ほど長かった。

昭和31年11月の片町線(非電化区間)の時刻表。長尾〜木津間は気動車による運行で、約30分を要していた。現在は駅数が増えたため、所要時間自体はほぼ同じである。

昭和31年11月の関西本線の時刻表。名古屋行きの気動車準急列車が運転されており、湊町〜名古屋間は2時間41分。東京行きの急行「大和」(東京着6:47)も運転されていた。

はじめに

　学研都市線と大和路線は、大阪市の中心部から京都府を経て奈良県へ至る鉄道路線である。現在はこの愛称で呼ばれる2路線だが、学研都市線の正式路線名は片町線、大和路線は関西本線の一部で、明治中期の開業当初はそれぞれ民間の路線であった。これはかつて「摂河泉」とされていた大阪府のうち、中央部の摂津（市内）、東部の河内地方を結ぶ路線を開拓し、人や物資を運ぶとともに奈良、京都方面との連絡路を確保しようとする目論見があり、さらに東海道線を開いた官設鉄道（現・JR）に対抗して、南回りの滋賀県、三重県経由で名古屋へ至るという計画であった。

　こうした動きは1898（明治31）年、関西鉄道により湊町（現・JR難波）～名古屋間が完成されることになる。これが現在の関西本線であり、1988（昭和63）年からJR難波～加茂間に「大和路線」の愛称が与えられた。また、片町線は浪速鉄道、関西鉄道により開設されたもので、同じく1898年、片町（後に廃止）～木津間が開通し、90年後に現在の京橋～木津間に「学研都市線」の愛称が与えられている。

　ともに大阪市中心部を離れると、のどかな田園地帯を走る路線であったが、現在は沿線に東大阪市、大東市、八尾市、木津川市などの都市が誕生し、大阪・京都のベッドタウンとなっている。そのため、車窓から眺められる風景も大いに変化した。本書では、そうした学研都市線・大和路線の懐かしい駅舎、駅前、車両の風景を読者の皆様に提供したく、企画されたものである。ぜひ本書を手にとって、懐かしい景色に接していただきたい。

2017年11月　生田 誠

奈良機関区に停まるD51 906。

第1部
学研都市線

　学研都市線は1895（明治28）年、浪速鉄道により片町〜四条畷間が開通した。1897年、浪速鉄道は関西鉄道に移譲され、翌年には四条畷駅以東の路線が延伸し、当時は奈良鉄道の駅であった木津駅に至るルートが開通した。1907年には関西鉄道が国有化され、1909年からは片町線（片町〜放出間）・桜ノ宮線（桜ノ宮〜木津間）と呼ばれるようになる。その後、桜ノ宮線は廃止され、片町線に統一された。当初は単線で、蒸気機関車牽引の列車運行であったが、1932（昭和7）年に片町〜四条畷間が電化され、翌年には四条畷〜奈良間で気動車（ガソリンカー）の運行が始まった。

　戦後の1950（昭和25）には電化区間が長尾駅まで延長、1955年には片町〜鴫野間が複線化された。1989年には長尾〜木津間が電化され、複線化も進んでいる。現在は京橋駅でJR東西線と接続し、東海道本線（JR神戸線）、福知山線（JR宝塚線）からの列車の乗り入れも行われている。沿線においても、関西文化学術研究都市や同志社大学の田辺キャンパスが開設されるなど、開発は加速している。

丸みを帯びた妻面を持つクハ55を先頭に、片町線を行く片町〜四条畷間の区間列車。派手な朱色一色の塗装は阪和線とともに、関西地区で活躍した旧型国電に多く見られた。

Katamachi St.
片町(廃止)

1895年、浪速鉄道時代に始発駅として開設
京阪線と連絡したが、JR東西線開通で廃止

終点片町に到着した72系電車から、たくさんの利用客がホームに降りてきた。片町駅では接続する他の路線がないこともあり、大阪市内のターミナルとして通常の利用者は多くなかった。
撮影:荻原三郎

京橋駅から10円区間の切符(1960年)。

撮影:荻原三郎
2階建てコンクリートモルタル造りであった片町駅。起終点駅であったが、敷地、駅前ともに狭かったことから、駅舎もやや小ぶりとなっていた。

　現在も大阪市都島区には、片町1・2丁目の住居表示があり、寝屋川には片町橋が架かっている。ここにはかつて、片町線の始発駅である国鉄の片町駅が置かれ、京阪電鉄の片町駅も存在した。京阪の駅は1969(昭和44)年、JR駅は東西線が開通した1997(平成9)年に廃止となった。

　そこから遡ること1世紀余り、1895年(明治28)年8月、浪速鉄道の開通時に始発駅として誕生したのが片町駅である。この年、城東線(現・大阪環状線)の前身である大阪鉄道の建設が進められており、5月に天王寺～玉造間、10月に梅田(大阪)～玉造間を開業している。10月には京橋駅が誕生しており、城東線の内側にターミナル駅を設けた形である。この片町駅は、大阪市外の東成郡鯰江村(現・都島区)の寝屋川と鯰江川(後に埋立)に挟まれた場所に設置されていた。

　その後、1897年に関西鉄道の駅となり、一時は貨物駅となっていたが、1907年に関西鉄道が国有化されて国鉄の駅となった。1912年に京橋口乗降場を開設、翌年には京橋口として分離されて、城東線(現・大坂環状線)京橋駅と連絡する京橋駅となった。

　しかし、片町駅の乗降客数は少なく、この付近は地下区間となる東西線が開通するのに合わせて、片町駅は旧駅舎と旧ホームが撤去されて仮駅舎の営業となった後、1997年に廃止された。現在、東西線には大坂城北詰駅が設置されている。

1958年（昭和33年）

2つの川に挟まれた狭い土地に国鉄片町線が延びている。北側には地上駅の国鉄京橋駅が置かれ、その上に高架駅の京阪京橋駅がある。南側には細長い片町駅のホームがあり、その先（手前側）に小さな片町駅の駅舎が見える。

古地図探訪　　　　　　　　　　　　　　　　片町駅付近

1899（明治32）年の片町駅と京橋駅周辺の地図であり、大阪市に変わる前の野田村、蒲生村、鴫野村、今福村、中清村、放出村といった地名が見える。大阪の市街地はまだこの方面には延びておらず、南西に大阪城が見え、陸軍第四師団が置かれていた。現在の片町線の路線はカーブしながら東側に延びており、1895年に浪速鉄道の手で開通されたもの。この時期には既に関西鉄道と変わっていたが、地図上では浪速鉄道の記載のままである。北西（左上）には、始発駅である片町駅があり、大阪鉄道によって1895年に開設された現在の大阪環状線が西側を通り、京橋駅が置かれている。こちらも1900年には関西鉄道に変わることになる。田園地帯を潤していた寝屋川の流れとともに、市内から東（奈良）側に真っすぐ延びる奈良道（国道168号）が見える。

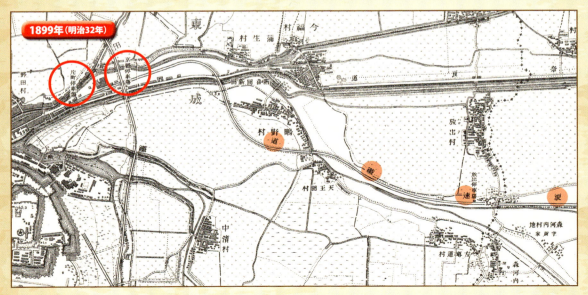

1899年（明治32年）

Kyōbashi St.
京橋
きょうばし

【京橋駅】

開業年	1895（明治28）年10月17日
所在地	大阪市城東区新喜多1-2-31
ホーム	各2面2線（計4面4線）＊高架駅・地上駅
乗車人員	131,880人
キロ程	0.0km（京橋起点）

大阪環状線、京阪本線、長堀鶴見緑地線と接続
寝屋川に架かる京橋は、江戸時代の京街道出発点

現在のJR京橋線。

1982年（昭和57年）

1984年（昭和59年）

撮影：安田就視

京橋から終点片町へ向かう103系。1997年3月8日に京橋と兵庫県下の尼崎を結ぶ東西線が開通した。その影で片町線の末端区間であった京橋〜片町間は廃止された。

国鉄京橋駅の北口は、京阪の京橋駅と向かい合う形で開かれている。京阪本線は1969年に高架化されて駅も移転。この北側を高架線が通る形になった。

撮影：安田就視

　京橋駅は、駅から少し離れた西側、寝屋川に架かる京橋に由来する駅名をもつ。この橋は江戸時代、京都と大坂を結ぶ京街道の重要な橋であり、この付近は大坂（大阪）の玄関口であった。現在、この橋付近には京阪本線京橋駅の隣駅である天満橋駅が置かれている。

　京橋駅は1895年（明治28）年8月、大阪鉄道の玉造〜梅田（大阪）間の開通時に始発駅として誕生した。1900年に関西鉄道の駅となり、1907年に関西鉄道が国有化されて国鉄（城東線、現・大阪環状線）の駅となった。1912年、片町線の片町駅に京橋口乗降場が開設され、連絡する形となった。翌年、この乗降場が京橋駅と統合されて片町線の京橋駅となった。1997（平成9）年3月、新たに西側部分に京橋〜尼崎間の東西線が開通している。これに代わり、片町線の京橋〜片町間は廃止された。

　現在、このJR京橋駅は京阪本線、大阪市営地下鉄長堀鶴見緑地線の京橋駅と連絡し、駅周辺は大いに賑いを見せている。しかし、1910年に京阪本線が開通した際には京橋駅ではなく、蒲生駅が置かれていた。その後、1949（昭和24）年に京橋駅となり、1969年に現在地に移転し、高架駅となった。このとき、片町駅が廃止され、京橋駅と統合された。また、長堀鶴見緑地線の京橋駅は1990年に鶴見緑地線の始発駅として開業。さらに1996年には心斎橋駅まで延伸し、長堀鶴見緑地線の中間駅へと変わっている。

古地図探訪

片町駅・京橋駅付近

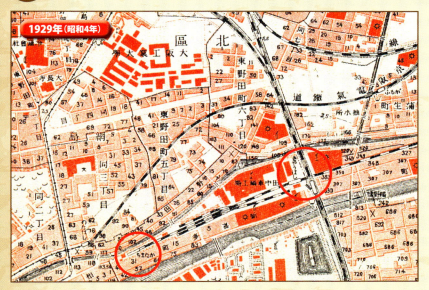

1929年(昭和4年)

1955年(昭和30年)

上は、1929年の国鉄の片町線、城東線(現・大坂環状線)、貨物支線、京阪本線などが存在していた片町駅と京橋駅周辺の地図である。この時期、京阪本線には現在の位置に京橋駅は存在せず、国鉄線の北東に蒲生駅(後の京橋駅)が置かれており、片町駅との乗換駅として、野田橋駅(後に片町駅、1969年に廃止)もあった。城東線の内側では大阪工学大学(現・大阪大学)、田中車輌工場(現・近畿車両)が大きな面積を占めている。東側には東野田抽水所が見える。

一方、下の1955年の地図では、京阪の蒲生駅が国鉄の京橋駅付近に移転している。上の地図では、大長寺がある東野田町1丁目付近を南北に通っていた大阪市電は、下の地図では東西の路線が誕生して城東線外側の蒲生町2丁目方面へ延びている。

見どころ

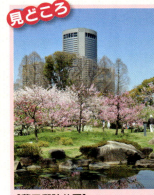

【藤田邸跡公園】
桜ノ宮公園、藤田美術館、太閤閣などに隣接する公園で、もとは藤田財閥の総帥、藤田伝三郎の邸宅があった。桜の名所として有名である。

昭和30年代

移転前の京橋駅の片町線ホーム。ホームに隣接して近畿車輌の工場(写真右)が広がっていた。

撮影:山本雅夫

中央やや上を国鉄の大阪環状線が横切り、左側に片町線と連絡する京橋駅が置かれている。左側を走るのが片町線で、現在は廃止された起終点駅の片町駅が置かれていた。そのホームと手前を走る列車の姿がある。一方、大きくカーブしながら右側を走る京阪線には、京橋駅が見えるものの、この当時は国鉄線とは乗り換えが大変不便であった。この写真が撮影された翌年（1969年）、京阪線は高架化されて京橋駅は移転し、連絡駅の片町駅は廃止される。付近には工事のための更地が目立つ。

提供：朝日新聞社

Shigino St.
鴫野
しぎの

1932年に鴫野信号場が開設、翌年、駅に昇格した
2006年には大阪市営地下鉄今里筋線の駅が誕生

現在の鴫野駅。

【鴫野駅】
開業年	1933（昭和3）年9月1日
所在地	大阪市城東区鴫野西5−2−20
ホーム	2面2線
乗車人員	9,461人
キロ程	1.6km（京橋起点）

1986年（昭和61年）

撮影：森嶋孝司（RGG）

今里筋（大阪市道大阪環状線）に面して開かれている高架駅・鴫野駅の駅舎、改札口。現在はこの今里筋の下を大阪市営地下鉄今里筋線が通り、連絡する鴫野駅（2006年開業）が置かれている。

　大阪市内の東側を南北に貫く今里筋。この西側に置かれているのが鴫野駅である。北側には寝屋川が流れ、新喜多大橋などが架けられている。また、南側には第二寝屋川が流れている。

　鴫野駅は1932（昭和7）年11月に片町線の鴫野信号場として開設され、この駅の西側から城東貨物線が分岐している。城東貨物線は、東側に存在する放出駅から南側部分については、既に2008（平成20）年3月から、久宝寺駅までの「おおさか東線」として旅客営業が開始されている。この駅を通る北側部分は、2019年に新大阪〜放出間で旅客営業が開始されることになっている。

　信号場からスタートした鴫野信号場は1933年8月、駅に昇格して鴫野駅となった。1962（昭和37）年、片町線では最初に高架化されており、駅の構造は相対式ホーム2面2線である。その後、おおさか東線の開業に備えて準備が進められており、将来は3面4線となる予定である。

　「鴫野」周辺は寝屋川、旧大和川が合流するデルタ地帯で、干拓工事が進められて、水田が広がる場所となった。ここには多くの鴫（シギ）が飛来してきたことで、「鴫野」と呼ばれることになった。かつては「志宜野」とも記載され、野菜の苗株栽培が盛んで、「鴫野苗」と呼ばれて人気があった。

14

『東大阪市史』に登場する片町線

国鉄片町線と地域社会

　東大阪市域の北西の一角（森河内地区）から、大阪市（鶴見区）と大東市との市境界線を縫うようにほぼ東北に四條畷市の方へ伸びているのが、元の国鉄片町線（現西日本旅客鉄道片町線、通称「学術研究都市線」）で、東大阪市域内を走るのは約４キロメートルの短い区間ながら、その間に徳庵・鴻池新田の二つの駅が設置されている。

　同線は、古く明治28年（1895）に開業した私設の浪速鉄道が、まもなく同じ私設大手の関西鉄道に吸収合併され、さらに同40年に政府に買収されて旧関西鉄道路線のうち片町－木津間が国鉄片町線となったものである。

　その路線が関西鉄道に属していた一時期には、大阪（網島）－名古屋間に急行列車を運転して、東海道本線を走る官設鉄道に対してサービス競争を派手に繰り広げて大いに話題となった。しかし、国有化されてからは官鉄との競争当時の活力を失い、国鉄の全国的鉄道網に組みこまれて路線の役割も単なる一地方連絡交通にとどめられ、しかも中・北河内地方では大軌や京阪電鉄という新興の電鉄企業の追撃、挟撃を受けて、立ち遅れた国鉄短小ローカル線という立場からの再出発となった。

（中略）

片町線の電化改築計画

　大正期に入って、わが国内政治の運営に政党政治が展開するようになり、都市部の産業ブルジョワジーの政治的利益代表たる憲政会（民政党）は、地方農村部の地主層の利益代表たる政友会とは鉄道政策の面でもまっこうから対立し、政友会のいわゆる「建主改従」－地方農村部にあまねく鉄道を建設して地方開発を進める政策に対抗して「改主建従」－都市部の鉄道の改良に重点を置いて近代産業の発展を促進する政策を唱え、両者のいずれか一方が政権を握るたびにわが国の鉄道政策もまた揺れ動いたのである。

　その間、大正中期ごろからわが国の急激な産業経済の膨張や都市化の進展が大都市圏の交通体制の整備、特にその主軸としての国有鉄道の施設改良による輸送力の増進を迫るようになった。

　そうした社会的要請に応じて政府が進めている取り組みの一つが、大正８年（1919）12月「25日午後２時より鉄道院で開かるゝ鉄道会議の議題、明年度以下の鉄道新計画中に、大阪湊町間線路増設及高架改築費、大阪湊町間、片町四条畷間、電車運転設備費といふのが、他の改良工事費と共に計上（され）、之は大阪湊町間を高架線（複）線とし、二線は貨物列車の運転に、二線は東京の山の手線及京浜線の如く電車を運転せしめ、又片町四条畷間も全部複線として電車を運転せんとするのであって、電車を運転するやうになれば現在の旅客列車は廃止する」（『大阪朝日新聞』大正８年12月23日付、傍点引用者）という一大改良プロジェクトであり、ここに片町線の電化問題が浮上してきたのである。

　しかしその後の複雑な政局と国内経済の反動不況、そして政府の厳しい財政事情から、それが直ちに実現を見るという訳にはいかなかった。

（中略）

　まもなく大正11年４月に入って鉄道省は片町線のうち片町－四条畷間の電化改築を決定し、放出変電所の施設その他架線、レールなどに対する設備費として43万9000円を計上した。使用する車両は東京方面で稼働中のものを最初は10数台取り寄せて投入し、使用電力については民間の電気会社より購入することとされた。そして電化設備は準備が整い次第工事に着手し翌年３月末年度内に竣工、４月の新年度から電車運転を開始したい当局の意向であり、実際に運転するとなれば列車は３・４両連結で「現在片町線は貨物、貨客混合、客車の三種の列車が動いて居るのを、混合列車を取り消して電車に代へ、片町四条畷間の乗客には電車、四条畷以東への乗客は普通列車に依る事に」（同上、大正11年４月９日付）なるものと予想された。いずれにせよ、東大阪市域の北辺の住民にとって多年の宿願であった電車が間近に走るのを熱い思いで眺められる日は、さほど遠くない筈であった。

片町線に電車運転開始

　数年間そうした足踏み状態が続いて、昭和期に入り思いがけず京阪電車による片町線電化という話がもち上がってきた。それは、国家財政の厳しい状況から、その必要を認めながら片町線電化工事に着手できない鉄道省の鉄道次官八田嘉明が京阪電鉄の社長太田光凞に話を持ちかけたものであった。すなわち、京阪が政府に肩代わりして片町線電化資金を負担してくれるならば、その代わり政府は、標準軌道を走る京阪の車両も片町線に乗り入れできるよう、狭軌の同線を三線式に改築することを許可するというものであった。

　これにより、政府は資金を負担せずに国鉄路線の電化改築ができ、一方京阪側としては、それだけ（概算600万円）の資金を負担したとしても、国鉄路線への乗り入れによる自社鉄道営業圏の拡大を通して、京・阪間遊覧交通の市場権益の確保・独占の強化に結びつくというプラス効果は十分期待できた。

　しかし、政府と京阪電鉄の打算的なれ合い、特に京阪側の権益志向的発想からのこうした工作はもともと合理的な基盤を欠いていたことに加えて、政党政治の「綱引き」の中で京阪電鉄の片町線乗り入れのメリットを帳消しにしかねない「東大阪電鉄」（大阪市内森の宮－四条畷－田原－奈良市間）が特許されたことにより京阪側から鉄道省に対し片町線電化改築に関する契約の解消を求め、京阪はこの問題から手を引くことになったのである（太田光凞『電鉄生活30年』）。京阪による片町線電化改築問題は、しょせん利権がらみの「徒花」に過ぎず、その実を結ぶ訳もなかった。

　その後、昭和６年を迎えてわが国の内外情勢が大きく変わっていこうとする機運の中でようやく鉄道省の電化のプログラムが実行に向けて動き始め、その第一期計画として片町線の電化工事が着手された。そして、翌７年10月に電車運転基地として淀川電車区（現大阪市都島区）が開設されたのに伴い、同年12月１日に片町線の一部に当たる片町－四条畷間13・３キロメートルに電車運転が開始された。これが、関西地区の国有鉄道における電車運転の第一号である。

大阪市

東大阪市

大東市

四條畷市

寝屋川市

交野市

枚方市

京田辺市

精華町

木津川市

Hanaten St.
放出
はなてん

【放出駅】

開業年	1895（明治28）年8月22日
所在地	大阪市鶴見区放出東3-21-52
ホーム	2面4線
乗車人員	16,115人
キロ程	3.2km（京橋起点）

見どころ

【阿遅速雄神社】
鶴見区放出東に鎮座する阿遅速雄神社。江戸時代には「八剣神社」と呼ばれていたが、儒学者・地理学者の並河誠所が標石を置き、現在の名称となった。

1895年に開業、一時は桜ノ宮・片町線分岐点
難読駅名は中古車販売のCM等で一躍有名に

1982年
（昭和57年）

現在の主力車両である207系。地下路線で建設された東西線への乗り入れを想定して開発された車両だ。1991年に新製された第1編成が片町線に投入された。

2017年
（平成29年）

現在の放出駅。

2002年に橋上駅舎に改築される前まで、駅北側に存在していた放出駅のシンプルな地上駅舎である。反対側の南側には改札口が存在せず、すぐ前を第三寝屋川が流れていた。
撮影：森嶋孝司（RGG）

　大阪を代表する難読地名として、クイズ番組などでも出題されるのが「放出」である。しかし、関西在住の方なら、深夜に流れる中古車販売会社のテレビCMなどによりおなじみで、慣れ親しんだ地名でもある。

　放出駅は、1895（明治28）年8月、浪速鉄道の片町〜四条畷間の開通時に開業している。翌々年の1897年に関西鉄道の駅となった。1898年11月に放出〜網島（後に廃止）間が開業し、この路線は後に桜ノ宮駅まで延伸し、桜ノ宮線となったものの、1913（大正2）年に放出〜桜ノ宮間は廃止されている。その間、1907年に関西鉄道が国有化され、国鉄の駅となっている。

　2008（平成20）年、城東貨物線（片町線支線）の路線を利用した、おおさか東線の放出〜久宝寺間が開通し、乗換駅となった。2019年には、北側の放出〜新大阪間が開通する予定である。

　現在の放出駅の構造は、島式ホーム2面4線の地上駅で、橋上駅舎を有している。この橋上駅舎は、２００２年に完成し、南側の出口、南北自由通路が設けられている。これに合わせる形で、駅周辺の再開発も進められた。

　「放出」の地名の由来には、水の「はなちてん」から来たという説、神への恐れから剣を放った場所という説の２つがある。明治時代までは、東成郡放出村が存在し、1925年に大阪市に編入され、城東区の一部となった（現在の放出西）。その後、「放出東」は鶴見区となっている。

古地図探訪

放出駅付近

楠根川、寝屋川が流れていた放出駅周辺の2枚の地図であり、2つの川は現在、第二寝屋川となっている。左の地図では、市街地は狭く、片町線の北側には西に川北電気製作所、東に阿遅速雄神社が見えるくらいである。南側の左専道町には、1927年に開校した城東第二尋常小学校（現・諏訪小学校）が存在している。この学校の東側には、現在、大阪内環状線（国道479号）が走っている。

右の地図では市街地が広がり、南西方向に延びる貨物線が誕生している。この時期の放出駅は、南側に広い貨物駅が存在していた。また、駅の北西には、1947年に大阪市立放出中学校が開校している（地図外）。その後、1962年には東区にあった大阪私立汎愛高校が、駅の北東にある今津公園の北側に移転している。

1929年（昭和4年）

1955年（昭和30年）

1980年（昭和55年）

放出を発車した101系。旧型国電を置き換えるために投入された通勤型電車は、大阪環状線と同じく、オレンジバーミリオンと呼ばれる朱色1号1色の塗装だった。左側の線路は城東貨物線。

撮影：野口昭雄

大阪市　東大阪市　大東市　四條畷市　寝屋川市　交野市　枚方市　京田辺市　精華町　木津川市

Tokuan St.
徳庵
とくあん

現在の徳庵駅。

浪速鉄道時代に開業。後に関西鉄道、国鉄の駅
北東に近畿車両が本社と工場を置く最寄り駅

【徳庵駅】

開業年	1895(明治28)年8月22日
所在地	大阪府東大阪市稲田上町1-1-19
ホーム	2面3線(旅客使用は2面2線)
乗車人員	10,380人
キロ程	5.0km(京橋起点)

1966年(昭和41年)
提供：東大阪市
平屋建ての棟が続いていた、徳庵駅の木造駅舎。側面から見た風景であり、奥には旧式の電話ボックスの姿もある。

1982年(昭和57年)
撮影：森嶋孝司(RGG)
1981年に橋上駅舎となった徳庵駅。翌年の西口駅前の風景である。大阪市鶴見区と東大阪市の境界付近に位置し、付近には「徳庵市場」「徳庵商店街」などがあって、庶民的な雰囲気にあふれていた。

1981年(昭和56年)
撮影：野口昭雄
徳庵駅付近を行く103系。写真右側には、鉄道車両を製造する近畿車両の工場が見える。工場内の線路と片町線は連絡線で繋がっており、新製車両等の搬出は徳庵駅を起点とした甲種回送で行われる。

　大阪市内を走ってきた学研都市(片町)線は、徳庵駅から東大阪市内を走ることとなる。この徳庵駅も、両市の境目付近に置かれている。徳庵駅は1895(明治28)年8月、浪速鉄道の片町～四条畷間の開通時に開業している。1897年に関西鉄道の駅に変わり、1907年に国鉄の駅となった。

　現在の徳庵駅は、単式ホーム1面1線と島式ホーム1面2線を有する地上駅で、橋上駅舎を有している。この橋上駅舎は1981(昭和56)年に建設されたが、西口を大阪市鶴見区、東口を東大阪市が費用負担して完成したいきさつがある。1番線は上り(四条畷方面)、2番線は下り(京橋方面)列車が使用し、3番線は臨時用で、駅近の近畿車両からの試運転、回送用にも使用されている。

　「徳庵」の駅名は、寝屋川と古川の合流地点付近にあった庵寺の「徳庵」に由来する。駅北側の寝屋川に近い場所である徳庵本町には、天照皇大神、豊受姫大神ほかを祀る徳庵神社が鎮座している。

　鉄道ファンには、この徳庵駅の付近に近畿車両の本社と工場があることでも知られている。近鉄グループの車両製造会社で、親会社の近鉄のほか、JRの新幹線、在来線の電車をはじめとして、帝都高速度交通営団(現・東京メトロ)、東京都交通局(都営地下鉄)、阪急、阪神などの車両を製造してきた。工場の敷地は、駅の北東側に広がっている。

古地図探訪

徳庵・鴻池新田駅付近

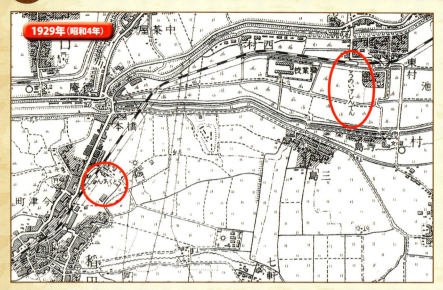
1929年(昭和4年)

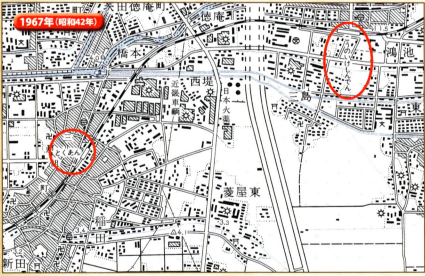
1967年(昭和42年)

地図の南西から北東にかけて、片町線が延び、徳庵駅と鴻池新田駅の2駅が置かれている。上の地図の時点では、徳庵駅付近の西側は中河内郡の楠根村で、1929年に楠根町と変わり、1937年に布施市の一部となった。一方、東側は中河内郡の北江村で、1931年に西六郷村、東六郷村と合併して楯津村となり、戦後に河内市を経て東大阪市の一部となった。下の地図が作成された1967年には、河内市は布施市・枚岡市と合併し、東大阪市が誕生している。
上の地図では、鉄道の沿線付近以外にはまだ農地が広がっていた。その中で鴻池新田駅付近に見える「職業校」は、この年(1929)年に開校した学校で、現在の大阪府立城東工科高校の前身である。下の地図では市街地が広がり、工場が増えて各所に点在している。中央やや上側に近畿車輛の工場が見える。その東側には、日本火薬の工場も存在した。

1960年(昭和35年)

旧型国電がホームに停まっている。壁面が木製の跨線橋や、貨物倉庫が古風な設えで残る。その反面、架線柱は鉄筋コンクリート製に建て替えられ、施設が少しずつを新しくなっていく様子を窺い知ることができる。

提供：東大阪市

見どころ

【徳庵神社】
天照皇大神、住吉大神ほかを祀り、徳庵地区の人々から崇敬されてきた徳庵神社。同名の庵寺が地名の由来とされるが、創建などは不詳である。

19

Kōnoikeshinden St.

鴻池新田
こうのいけしんでん

大阪の豪商・鴻池善右衛門が新田開発した土地
1912年、国鉄の桜ノ宮線時代に新駅が誕生

【鴻池新田駅】

開業年	1912（明治45）年4月21日
所在地	大阪府東大阪市西鴻池町1-1-1
ホーム	2面2線
乗車人員	13,591人
キロ程	6.9km（京橋起点）

1968年（昭和43年）
提供：東大阪市

高架化工事が進む鴻池新田駅付近。1960年代当時、電化区間の中間部分に当たる四条畷〜放出間は1969年の約1年間に複線化された。鴻池新田は1970年に高架駅となった。

1967年（昭和42年）
提供：東大阪市

「祝東大阪市誕生」の横断幕が掲げられている鴻池新田駅の木造駅舎。東大阪市に変わる前は河内市に存在した。1970年に高架駅に変わる前の姿である。

1984年（昭和59年）
撮影：安田就視

全線電化に合わせて快速列車の本格的な運行を開始した片町線。当初は103系の改造車で対応、松井山手〜木津間は3両編成であったため混雑は激しかった。

現在の鴻池新田駅。

　鴻池新田駅は、1912（明治45）年4月、国鉄の駅として開業している。当時は桜ノ宮線の所属で、後に片町（学研都市）線の役となった。現在の駅は、相対式ホーム2面2線の高架駅で、橋上駅舎を有している。この橋上駅舎は1970（昭和45）年に完成している。快速と区間快速は通過し、普通列車のみが停車する。

　この駅付近の学研都市線は、大阪市、東大阪市、大東市という3市の境目でもある寝屋川の南側を走っている。鴻池新田駅は東大阪市に位置しているが、次の住道駅は大東市に存在する。鴻池新田駅の西側には、近畿自動車道・大阪中央環状線（府道2号）が走っている。

　「鴻池新田」は、江戸時代に大坂の豪商であった鴻池家三代目、鴻池善右衛門宗利が開発した新田の名称である。江戸時代中期、大和川の付け替えが行われ、そこで生じた巨大な敷地に鴻池善右衛門が、伊勢から農民を入植させて開墾した。新田ではあるが、米作りには不向きで、「河内木綿」として有名な木綿やレンコンが栽培された。また、1707（宝永4）年に完成した鴻池新田会所（管理事務所）は、当時の建物や濠がそのまま残され、1980年に国の重要文化財に指定された。現在は、東大阪市の住居表示に鴻池町、鴻池本町などが存在する。

　なお、2029年には大阪モノレールが現在の終点駅である門真市駅から延伸して、鴻池新田駅が設置される予定である。

1982年
(昭和57年)

鴻池新田駅は、比較的早い時期の1970年に高架化され、少し硬い外観の駅舎となっていた。これは南口側の駅前で、手前（東側）には大東市に向かう大阪府道166号が通っている。

撮影：安田就視

1984年
(昭和59年)

撮影：安田就視

高架ホームに101系の普通列車が入線して来た。寝屋川に近い位置に造られた高台からは、東大阪市の街並を望むことができる。住道側には大阪と奈良を隔てる生駒山系が、稜線を連ねている。

現在の鴻池新田駅。

1984年
(昭和59年)

国鉄時代、関西地区において101系は大阪環状線・桜島線・片町線・関西本線に投入された。しかしJR西日本に継承されたのは淀川電車区配属の片町線用のみだった。

撮影：安田就視

Suminodō St.
住道
すみのどう

【住道駅】	
開 業 年	1895（明治28）年8月22日
所 在 地	大阪府大東市住道2-3-1
ホ ー ム	2面4線
乗車人員	31,895人
キ ロ 程	9.3km（京橋起点）

寝屋川の舟運で栄えた地、住吉神社が鎮座する
快速と区間快速が停車する学研都市線の主要駅

現在の住道駅。

1986年（昭和61年）

高架駅に変わる前の住道駅である。現在は3階建ての駅ビル「ALBi（アルビ）住道」に変わったが、「大東市」の文字が入った大きなモニュメントは変わらずに、駅前を通る人々に時刻を教えている。

撮影：森嶋孝司（RGG）

　東大阪市から大東市に入った学研都市線は、大東市の中心地に位置する住道駅に到着する。この駅の北側は、寝屋川と恩地川の分岐点にあたり、寝屋川がさらに谷川などと分岐する付近に、大東市役所が置かれている。この地は古くは舟運の集散地であり、住吉神社が勧請され、「角堂浜（すみのどうはま）」として栄えた。ここから「住吉道（すみのどう）」の地名が生まれたとされる。この住道駅の周辺は、大東市になる前は住道村で、1937（昭和12）年に住道町になっていた。1956年に南郷村、四条町と合併し、大東市が誕生した。

　住道駅は、浪速鉄道時代の1895（明治28）年8月に開業している。1897年に関西鉄道の駅となり、1907年に国鉄の駅となった。学研都市線の主要駅のひとつであり、快速、区間快速を含むすべての列車が停車する。かつては、貨物取扱を行い、2面6線の線路があり、付近に存在する鐘紡（現・カネボウ）住道工場への引き込み線が存在した。その後、島式1面2線の地上駅となっていた。

　現在の駅の構造は、島式ホーム2面4線を有する高架駅である。1976（昭和51）年にこの駅付近の立体交差化事業が認可されて、高架化の工事が開始され、1987年に下り線が高架化された。1989（平成元）年には立体交差化事業が完成し、上り線も高架駅に変わっている。駅の構内には複合商業施設の「ギャレ住道」がオープンし、現在は「ALBi（アルビ）住道」となっている。

古地図探訪

住道駅付近

住道駅までは緩やかな曲線を描いて北東に進んできた片町線は、この駅を過ぎてしばらくすると大きく方向を変えて、北に向かう。駅付近では寝屋川に沿って走っていたが、この川とも別れを告げることとなる。左の地図では、住道駅付近の北側が住道村の中心であり、駅前付近に役場が置かれていた。一方、片町線の南東側はほとんどが農地であり、駅近くには規模の大きい紡績会社（鐘淵紡績）の工場が存在した。右の地図では、府道21号（八尾枚方線）、国道170号（旧道、東高野街道）といった南北に走る府道・国道とともに、駅の北側を通る大阪府道8号（大阪生駒線）などが整備され、住宅地が広がっている。学校や工場（三洋電器ほか）、諸施設（拘置所、消防学校）も誕生している。存在する東大阪変電所付近で、南北に延びている点線は現在の大阪外環状線（国道170号、新道）である。

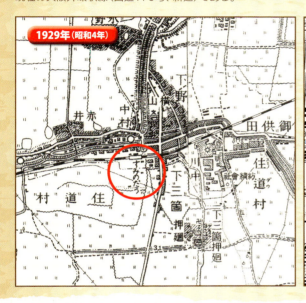

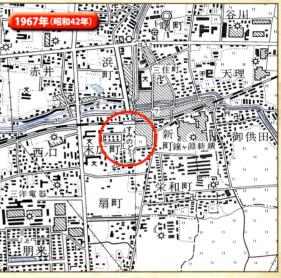

住道駅に到着する207系。新製時に片町線へ最初に投入されたJR世代の電車だ。以降、東海道本線等の幹線系路線へも進出し、1990年代のJR西日本を代表する通勤型電車の1形式となった。

JR東西線

　大阪市中心部を通るJRの地下路線が、このJR東西線である。大阪市の京橋駅と兵庫県尼崎市の尼崎駅を結ぶ12.5キロの路線で、中間駅として大坂城北詰、大阪天満宮、北新地、新福島、海老江、御幣島、加島の7駅が置かれている。片町線の京橋駅と、福知山線（JR宝塚線）の尼崎駅を結ぶことで、大阪環状線、東海道本線（JR神戸線）を経由しないバイパス線の役割を果たし、中間駅においては大阪市営地下鉄などの駅と連絡している。

　JR東西線の開通は、1997（平成9）年3月であり、このときに片町線の京橋～片町間が廃止された。その後、2008年3月には、おおさか東線の開通により、JR東西線、学研都市線を経由する奈良・尼崎間の直通快速の運転も開始された。沿線には大阪城、大阪天満宮、北新地といった観光地も多く存在する。

Nozaki St.
野崎
（のざき）

【野崎駅】

開業年	1899（明治32）年5月15日
所在地	大阪府大東市野崎1-1-12
ホーム	2面2線
乗車人員	11,729人
キロ程	11.5km（京橋起点）

1899年に仮停車場、1912年に常設駅に昇格
屋形船で参詣した「野崎詣り」慈眼寺の玄関口

見どころ

【野崎観音】
かつては「どこを向いても菜の花盛り…」と歌われた、春の参詣で有名だった野崎観音（慈眼寺）。本尊は十一面観世音菩薩である。

現在の野崎駅。

1970年（昭和45年）

5月上旬の無縁経法要の時期には、「野崎詣り」の善男善女で賑わっていた野崎駅。この簡素な木造駅舎が、参詣客を迎える玄関口となっていた。

撮影：荻原二郎

　野崎といえば、「野崎詣りは屋形船でまいろ‥」という、歌手の東海林太郎が歌った、懐かしい歌詞を思い出す人もいるだろう。ここには、「野崎観音」として崇敬を集めた曹洞宗の寺院、慈眼寺があり、江戸時代から、春の彼岸時などに（屋形）船を使った参詣が人気だった。この地に最初に鉄道を建設した浪速鉄道は、寝屋川の水運に代わる交通機関として、野崎観音への参詣客を主要な乗客として想定していたといわれる。

　野崎駅は、1895（明治28）年に浪速鉄道が開業したときには存在せず、関西鉄道時代の1899年5月に仮停車場として開業した。1907年に国鉄の駅となり、1912年4月に常設駅となった。駅の構造は、相対式ホーム2面2線の地上駅である。快速、区間快速は通過し、普通列車のみが停車する。

　野崎駅の東側には古道である東高野街道が通っており、このすぐ東側に慈眼寺が存在する。この東高野街道は、国道170号（旧道）に発展し、現在は大坂外環状線（国道170号）となっている。

　現在の大東市が1956（昭和31）年に誕生する前、この地は四條町であり、その前は野崎村が存在した。野崎詣り、野崎村を有名にしたものに、近松半二作の名作「新版歌祭文」がある。歌舞伎や浄瑠璃（文楽）などで上演され、「お染・久松」の物語として知られるこの作品には、「野崎村の段」と呼ばれる場面があり、参詣者たちの様子が、若い男女の恋模様とともに描かれている。

古地図探訪　　　　野崎駅付近

地図の中央部分をほぼ南北に片町線が貫き、西側に寝屋川の流れが見える。戦前の左の地図（1929年）では、このあたりがかつて豊かな田園地帯であったことがわかる。東側は生駒山地であり、その麓には東高野街道（国道170号）が走っていた。四條村の役場が存在するあたりには、「野崎観音」として人々の信仰を集めた慈眼寺が存在している。
一方、昭和中期（1967年）の右の地図では、中央付近に野崎団地が誕生するなど、各所で住宅地の開発が進められていた。四條村は大東市に変わり、西側には門真市が誕生している。地図の北側、野崎駅付近で点線が描かれている、大阪外環状線の計画が進んでいたことがわかる。野崎駅近くにあった四條村の役場に変わり、現在は寝屋川が流れる地図南西の曙町に大東市役所が置かれている。また、その北側に大東中央公園が開園している。

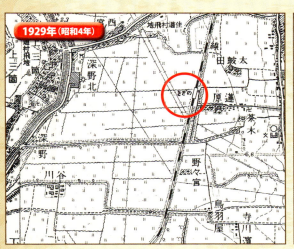
1929年（昭和4年）

1967年（昭和42年）

『大東市史』に登場する片町線

浪速鉄道

　片町線の前身たる浪速鉄道の設立は明治26年、資本金37万5000円、1株50円の7500株、株式会社の定款を作り、大阪市内の福井精三等11名の発起人のもとに起債、株主総会を明治27年4月に開いた。
（中略）
　当初の機関車・客車とも輸入したもので、28年9月30日の浪速鉄道報告書では、機関車2、特並等混合客車4、並等客車8、並等合造緩急車2、緩急車3、有蓋貨車6、無蓋車6の計31輛であった。5輛連結の陸蒸気は車軸の響き高らかに河内平野の菜の花わけて走り続けた。当時の客車は、定員50名。畳敷き座席で向い合わせで横に10列、畳座席は腰掛け式であるが、背中合わせの区切りは1本の棒が通っているだけであった。1本の棒を背にして向い合った座席の間にドアが付き、片側5ケ所の昇降口となる。黒煙をはき、ばく進する機関車の威容、大きな胴体に太く短い煙突、シュシュッと蒸気を吐きながら威勢よく廻る車輛、押して引き、引いて押す逞ましいピストン、明治人を驚かした陸蒸気が遂に当市域の村々を結び、村を単位とした江戸期村落を大きく変貌させて行き、当市域と日本第2の都市大阪間を40分間で結びつけた。
　当時の停車駅は片町―放出―徳庵―住道―四条畷駅であって、大阪と寝屋川水運の中心地住道、そこからの石切神社・枚岡神社・生駒聖天さん、そして野崎観音・四條畷神社の参詣客を吸収しようとしたのである。29年の報告書を見ると野崎観音の八日日臨時停車のため用地7畝14歩を買収している。浪速鉄道の狙いは的中し、29年9月30日の会社報告書を見ると開通当初より183日間で「平均スレバ運輸収入一日、一〇二円二八銭八厘、営業費一日五〇円五〇銭五厘五毛トナリ」、1日純益51円の好成績でスタートしたが、発足後、大私鉄たる関西鉄道との合併の議起り、明治30年1月20日付で関西鉄道に移行した。

国有鉄道片町線

　戦後の昭和30年代後半からの北河内地区人口激増により、昭和44年3月に片町―四条畷駅間の複線化が成り、更に47年から総額250億の巨費を投じて、54年10月1日に四条畷―長尾駅間の複線化が完成、同時に忍ヶ岡―星田間に東寝屋川駅、津田―長尾間に藤阪駅を新設した。複線工事成った片町―長尾間の16駅全てに、自動改札機を導入しつつ、輸送力の増強に努める現状にある。四条畷の建て替えは昭和53年に成り、昭和54年10月現在・野崎駅は建て替え工事進捗中、住道駅の再建工事も始まっており、当市域内の3駅とも、木造駅舎はその任を終え、昔語りになろうとする現況にある。

Shijōnawate St.
四条畷
(しじょうなわて)

現在の四条畷駅。

【四条畷駅】	
開業年	1895（明治28）年8月22日
所在地	大阪府大東市学園町1－50
ホーム	2面4線
乗車人員	19,145人
キロ程	12.8km（京橋起点）

四條畷古戦場は楠木正行が高師直と戦った地
浪速鉄道の終着駅、1898年に長尾駅へ延伸

1970年（昭和45年）

四条畷駅の橋上駅舎は1978年に完成し、ホームも2面3線から2面4線に拡張された。駅前東口は、北西に延びる大阪府道160号（四条畷停車場線）の起点であり、西口よりも広い空間となっている。

1986年（昭和61年）
撮影：森嶋孝司（RGG）

橋上駅舎に変わる前、瓦屋根をもつ地平駅舎であった頃の四条畷駅。相対式となっていた両ホーム間は、2本の跨線橋で結ばれていた。
撮影：荻原二郎

　大阪府と奈良県が接する四條畷市は、南北朝時代に南朝方の楠木正行と北朝方の高師直が戦った「四條畷の戦い」の舞台として有名である。この戦いで、楠木正行は戦死し、後に四條畷神社に祀られることとなるが、この地（旧南野村、現・四條畷市）には、楠木正行の墓とされる「楠塚」が存在した。
　1878（明治11）年、「楠塚」は「小楠公御墓所」として規模が拡大され、1890年に楠木正行を主祭神として神社が創建された。その後、参詣者が多く訪れるようになり、神社周辺も賑わうこととなった。現在は、市内に「楠公」の地名も誕生している。
　四条畷駅は四條畷市の玄関口ではあるが、地理上は大東市に位置し、すぐ北側が四條畷市となる。北東には府立四條畷高校、その北側に四條畷市役所がある。四条畷駅は1895（明治28）年8月、浪速鉄道の開通時に東側の起終点駅として開業している。関西鉄道時代の1898年4月に長尾駅まで延伸して途中駅となった。1907年に国鉄の駅となっている。1932（昭和7）年12月、片町線（学研都市線）の片町～四条畷間が電化され、この駅が電化・非電化の境界駅となった。この駅以東の区間（長尾駅まで）が電化されるのは、戦後の1950（昭和25）年12月のことである。
　現在の駅の構造は島式ホーム2面4線の地上駅で、橋上駅舎を有している。1978年に橋上駅舎が完成する前は2面3線のホームだった。快速・区間快速を含む全列車が停車する駅である。

古地図探訪

四条畷駅付近

1929年の右の地図では、東側は甲可村、四條村で、西側は寝屋川村である。中央には、片町線が通り、四条畷駅が置かれている。その東側には東高野街道（国道170号）、西側には大阪府道160号（四条畷停車場線）が通っている。駅の北側には、この地で行われた史上名高い「四條畷の戦い」で敗れた楠木一族の楠（木）正行墓、和田賢秀墓が存在する。駅の東側には、四條畷神社が鎮座している。この時代、駅付近には既に高等女学校（東側、現・四条畷学園高校・短大）、中学校（北西、現・四条畷高校）が誕生していた。一方で、こうした旧跡、学校の周囲はほとんどが農地であった。

1967年の右の地図では、駅周辺の広い範囲に市街地が拡大している。西側には大阪外環状線（国道170号、新道）の計画線があったが、西側の寝屋川沿いは農地であった。

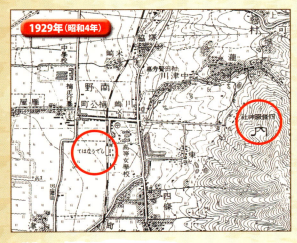
1929年（昭和4年）

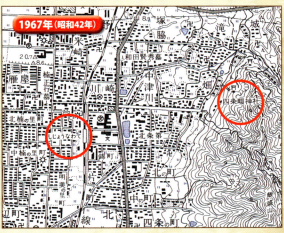
1967年（昭和42年）

1970年（昭和45年）

構内に2本の跨線橋が架かる四条畷駅。ホームには4扉車の72系が停車している。大阪市内へ通じる通勤路線という性格を古くから兼ね備えていた片町線では、旧型国電時代から大量輸送を得意としていた79系が活躍した。

撮影：荻原二郎

四条畷駅は、島式2面4線のホームを有しており、京橋方面からの折り返しに対応している。

見どころ

【四條畷神社】
「小楠公」として知られる楠正成の長男、楠正行を祀る四條畷神社。地元で親しまれ、1975年には付近に「楠公」の地名も誕生した。

2017年（平成29年）

Shinobugaoka St. / Higashi-Neyagawa St.
忍ケ丘、東寝屋川

四條畷市内では唯一の忍ケ丘駅、1953年開業
東寝屋川駅は寝屋川市初の国鉄駅として誕生

【忍ケ丘駅】
開業年	1953（昭和28）年5月1日
所在地	大阪府四條畷市岡山東1-10-8
ホーム	2面2線
乗車人員	8,463人
キロ程	14.7km（京橋起点）

【東寝屋川駅】
開業年	1979（昭和54）年10月1日
所在地	大阪府寝屋川市打上元町14-1
ホーム	1面1線
乗車人員	4,622人
キロ程	16.0km（京橋起点）

1986年（昭和61年）

1979年にこの駅を含む区間が複線高架化され、相対式ホーム2面2線となった、忍ケ丘駅東口の駅前風景である。現在は右側に忍ケ丘センタービル、YGビルが建てられている。

撮影：森嶋孝司（RGG）

現在の忍ケ丘駅前。1983～1986年度のJR忍ケ丘駅前土地区画整理事業により、駅前広場とバスターミナルが整備された。

　四條畷市の北部、寝屋川市に近い場所にあるのが忍ケ丘駅である。1953（昭和28）年5月に地元住民の要望で誕生した駅であり、当初は1面1線のホームをもつ地上駅であった。この「忍ケ丘」の駅名は、駅西側に鎮座する忍陵神社に由来している。

　現在の駅の構造は相対式ホーム2面2線を有する高架駅である。1979年に複線高架化が完成した。快速は通過し、区間快速、普通が停車する。

　「四條畷」という地名は、付近に存在した古代の条里制によるもので、「四條」と「畷（縄手）」が合わさったものである。「畷」は畦道、あるいは真っすぐな長い道という意味をもっている。1889年の町村制施行で誕生した讃良（後に北河内）郡甲可村が、1932（昭和7）年に改称して四條畷町となり、1970年の市制により四條畷市となっている。

　次の東寝屋川駅は、寝屋川市内における国鉄で唯一の駅である。駅の開業は1979年10月で、開業して40年足らずの比較的新しい駅である。駅の構造は島式ホーム1面2線で、掘割の中に置かれている。

　この駅が位置する場所は寝屋川市の東部であり、東側で交野市と接している。寝屋川市役所は駅の北西側に置かれており、その西側に京阪本線の寝屋川市駅がある。駅のすぐ北側には、市民の憩いの場である寝屋川公園、寝屋川公園球場が存在する。

古地図探訪

忍ケ丘駅駅付近

大阪平野を走ってきた片町線は、この忍ケ丘・東寝屋川駅付近から丘陵地を走ることになる。2枚の地図では、この付近に溜め池が多いことがわかる。1929年の左の地図では、忍ケ丘駅は置かれておらず、1967年の右の地図の時点でも、1979年開業の東寝屋川駅は存在していない。

左の地図では、北側一帯が水本村であり、片町線とともに東高野街道が走っている。この道路は忍ケ丘駅付近では国道168・170号ではなく、大阪府道20号となっている。地図上には、水本村になる以前に村が存在した「燈油」「打上」といった地名が見える。この水本村も1961年に寝屋川市に編入され、その一部となっている。一方、忍ケ丘駅のある南側は甲可村で、1932年に四条畷村と改称している。

1929年（昭和4年）

1967年（昭和42年）

1986年（昭和61年）

撮影：森嶋孝司（RGG）

東寝屋川駅は、地上駅舎から掘割に設けられたホームに降りる構造となっている。これは東出口で、手前には駅前ロータリーとバス乗り場が設けられている。

現在の東寝屋川駅のホームと地上駅舎。ホームは掘割になっている。

見どころ

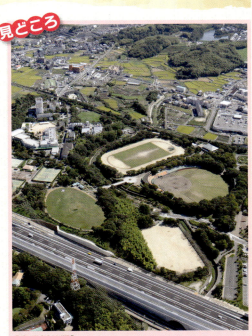

【寝屋川公園】
高速道路の横に広がる大阪府営寝屋川公園は、2つの野球場やテニスコート、陸上競技場といった、スポーツ施設が充実している。

Hoshida St. / Kawachi-Iwafune St.
星田、河内磐船

1898年に関西鉄道津田〜四条畷間に星田駅
河内磐船駅では京阪交野線の河内森駅と連絡

【星田駅】
開 業 年	1898(明治31)年7月1日
所 在 地	大阪府交野市星田5－11－5
ホ ー ム	2面2線
乗車人員	8,358人
キ ロ 程	17.7km (京橋起点)

【河内磐船駅】
開 業 年	1935(昭和10)年12月2日
所 在 地	大阪府交野市森南1－6－7
ホ ー ム	2面2線
乗車人員	11,176人
キ ロ 程	19.8km (京橋起点)

1986年(昭和61年)

撮影：森嶋孝司(RGG)

シンプルな外観の地上駅となっていた河内磐船駅の東口で、現在もスタイルはそのままである。駅の両側にロータリーがあるが、バス乗り場はこちら側ではなく、駅舎の存在しない反対側に設けられている。

現在の河内磐船駅。

1986年(昭和61年)

撮影：森嶋孝司(RGG)

星田駅は1979年の複線化とともに高架駅に変わり、関西の国鉄線では初めて自動改札機が設置された。改札口は1か所で、地上に設けられている。

　関西鉄道時代の1898(明治31)年7月、津田〜四条畷間に誕生したのが星田駅である。交野市にあるが、すぐ西側は寝屋川市であり、当時は北河内郡星田村であった。星田村は1955(昭和30)年に片野町と合併、1971年に市制が施行されて交野市となっている。

　現在の星田駅は、相対式ホーム2面2線を有する高架駅である。1979年までは単線の地上駅であった。快速・区間快速を含めた全列車が停車する。

　河内磐船駅は1935(昭和10)年12月、星田〜津田間に新設された駅である。開業時は1面1線ホームの無人駅であり、1979年に相対式ホーム2面2線の駅となった。駅舎は1番線側にあり、ホーム間は地下通路で結ばれている。この駅の西側で京阪交野線と交差しており、南東に京阪の河内森駅が置かれている。約300メートル離れているが、乗り換えは十分可能である。

　「河内磐船」の地名は、この駅からかなり離れた南側、交野市南端の天野川の渓谷に鎮座する磐船神社に由来する。この神社は天野川を跨ぐように存在する「天の磐舟」と呼ばれる舟形巨岩を御神体としている。古代の有力豪族、物部氏とゆかりがあるとされ、中世以降は山岳信仰、住吉信仰の影響を受け、神仏習合の色合いの強い神社である。境内付近は、大阪と和歌山を結ぶ磐船街道(国道168号)が通っており、河内磐船駅方面に延びている。

古地図探訪

星田・河内磐船駅付近

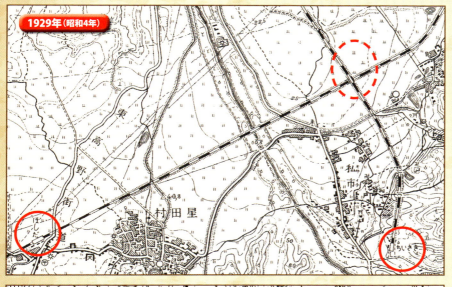

1929年（昭和4年）

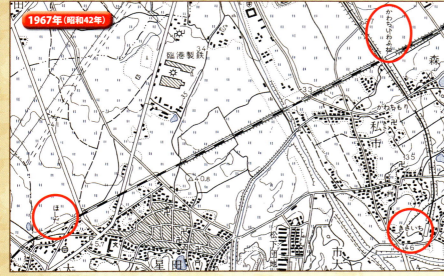

1967年（昭和42年）

上の地図では、南東に置かれた星田駅から、北東に片町線が延びている。一方、この年（1929年）に開業した信貴生駒電鉄（現・京阪交野線）が南下してきた先には、終着駅の私市駅が存在する。現在は、両線の交差点付近に河内磐船駅、河内森駅が置かれているが、この時期はまだ開業していなかった。地図の西側は星田村、東側は磐船村で、この村名が2つの駅名につながっている。

下の地図（1967年）では、西側で曲がりくねっていた東高野街道が真っすぐな大阪府道20号に整備されている。また、東側の府道168号が、府道154号との合流点以北でも開通している。この時期には河内磐船駅や河内森駅も開業し、地図の中央北側には臨港製鉄の工場、南側には松下団地が誕生している。

2017年（平成29年）

1979年に複線化、高架駅となった星田駅の現在のホーム風景である。

現在の星田駅。

見どころ

【磐船神社】
交野市の南端に位置する磐船神社では、天野川を跨ぐようにして横たわる御神体「天の磐船」の前に小さな拝殿が建っている。

Tsuda St. / Fujisaka St.
津田、藤阪
関西鉄道の四条畷～長尾間延伸時に津田駅開業
四条畷～長尾間の複線化に合わせて藤阪駅誕生

【津田駅】
開業年	1898（明治31）年4月12日
所在地	大阪府枚方市津田駅前1－27－1
ホーム	2面2線
乗車人員	5,475人
キロ程	23.0km（京橋起点）

【藤阪駅】
開業年	1979（昭和54）年10月1日
所在地	大阪府枚方市藤阪南町2－1－1
ホーム	1面2線
乗車人員	3,322人
キロ程	24.6km（京橋起点）

1984年（昭和59年）
1979年に竣工した津田駅の駅舎で、現在もそのまま使用されている。この駅舎は西側に置かれており、その後に駅前ロータリー、バス乗り場が整備されて、趣が変わっている。
撮影：森嶋孝司（RGG）

1967年（昭和42年）
撮影：荻原二郎
非電化区間に乗り入れていた貨物列車の牽引には蒸気機関車を充当。短い路線で取り回しのきくC11形が1972年まで運転された。

1979年（昭和54年）
長尾・津田間に新設の高架駅として開業したばかりの藤阪駅。奥にはセレモニー用の紅白の幕がのぞいている。駅前の地面もまだ完全には舗装されていなかった頃である。
撮影：荒川好夫（RGG）

現在の津田駅。

現在の藤坂駅。

　津田駅は関西鉄道の四条畷～長尾間が延伸した1898（明治31）年4月に開業している。1907年に関西鉄道が国有化されて国鉄の駅となった。現在の駅の構造は、相対式ホーム2面2線をもつ地上駅で、1979（昭和54）年に四条畷～長尾間が複線化されて、現在の駅舎が完成した。快速は通過し、区間快速と普通が停車する。また、電化前には蒸気機関車が使用する給水タンクが置かれていた。

　次の藤阪駅は津田駅、長尾駅とともに枚方市内に置かれている。他の2駅に比べて、こちらは1979年に四条畷～長尾間が複線化された際に設置された新しい駅である。そのため、隣駅との距離は他区間と比べて、短くなっている。駅の構造は、島式ホーム1面2線を有する高架駅である。快速は通過するものの、区間快速と普通が停車する。

　この2駅が置かれている枚方市は、京都と大阪の中間に存在する人口約40万人の大きな都市である。もともとは、淀川・京街道の中継点として栄え、くらわんか船などでも有名であった。1889年、茨田郡の枚方村・三矢村などが合併して、枚方町が誕生している。1938（昭和13）年には、殿山町や樟葉村などを合併して町域が拡大された。第二次世界大戦後の1947年に市制を施行して枚方市となった。津田駅・藤阪駅がある津田町は、1955年に編入されて枚方市の一部となっている。

古地図探訪

津田・藤阪駅付近

交野村（現・交野市）、津田村（現・枚方市）を片町線が通る、戦前・戦後の2枚の地図である。ともに津田駅は見えるものの、1979年開業の藤阪駅は記されていない。2枚の地図からは、この地域には地蔵池、源氏池、惣喜池といった、溜め池が多数存在していたことがわかる。戦前の左の地図では津田駅の北東に津田村の集落があり、役場が置かれている。この南側に地蔵池が存在し、現在は池周辺が津田公園として整備されている。一方、北側の惣喜池の北西には線路を挟んで藤阪の集落があり、後に玄関口となる藤阪駅が設置されることとなる。

戦後の右の地図では住宅地が開発されて人口が増え、道路なども整備されている。片町線に沿う形で大阪府道736号が通り、津田駅の北側に現在の枚方市立津田・津田南小学校が生まれている。

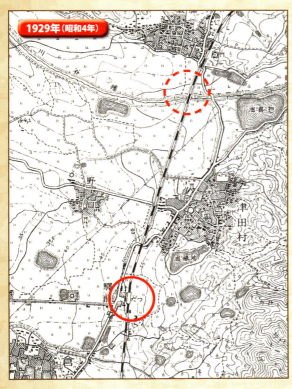

1929年（昭和4年）

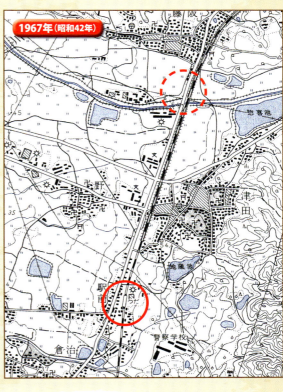

1967年（昭和42年）

1933年（昭和8年）

片町線にデビューしたガソリンカー（気動車）、キハ36900形。1933年に鉄道省が導入した16メートル級機械式シリーズの第一弾で、後にはキハ41000形となった。この年6月から、四条畷～奈良間で運行が始まった。

提供：朝日新聞社

見どころ

【機物神社】
交野市倉治にある神社で、七夕伝説で知られる。祭神は天棚機比売大神（織姫）とされ、創建年代などは不詳である。

33

Nagao St.
長尾
なが お

【長尾駅】

開業年	1898（明治31）年4月12日
所在地	大阪府枚方市長尾元町5-21-1
ホーム	1面2線
乗車人員	11,951人
キロ程	26.2km（京橋起点）

大阪府最東端の駅、1キロ先は京都府京田辺市
1898年に開業、戦後は電化・非電化区間の分岐点に

現在の長尾駅。

1970年（昭和45年）
撮影：荻原二郎
大阪府の南端に位置し、一時は電化・非電化区間の境目となっていた長尾駅。緑の豊かな落ち着いた雰囲気の中に、小さな木造駅舎があった。

1970年（昭和45年）
1950年に四条畷〜長尾間が電化され、長尾駅は片町線における電化区間と非電化区間の境界となった。電車ホーム側の線路は、末端部にバラストを盛られた行き止まり線となっている。
撮影：荻原二郎

　枚方市で3番目の駅である長尾駅は、大阪府の最東端に位置している。すぐ東側は京都府京田辺市であり、隣駅となる松井山手駅が置かれている。現在は、府境付近を第二京阪道路（国道1号）が通り、長尾駅の南東に枚方東インターチェンジが設置されている。

　長尾駅は1898（明治31）年4月、関西鉄道の四条畷〜長尾間が開通した際に終着駅として開業した。同年6月には、新木津駅（後に廃止）まで延伸して途中駅となった。1907年に関西鉄道が国有化され国鉄の駅となった。1950（昭和25）年に四条畷〜長尾間が電化、1979年に複線化されている。一方、長尾〜木津間は1989（平成元）年に電化された。

　現在の駅の構造は、島式ホーム1面2線の地上駅で、橋上駅舎を有している。この橋上駅舎は2013年に完成している。快速、区間快速を含むすべての列車が停車する駅である。この駅も津田駅や藤阪駅と同様に、枚方市になる前は北河内郡津田町にあった。その前は菅原村で、さらに遡れば長尾村であった。

　駅の北側には大阪府立長尾高校のほか、枚方市立長尾中学校、長尾小学校があり、南西には菅原小学校がある。一方、東側を通る第二京阪道路の長尾東トンネルを越えた付近には、枚方カントリー倶楽部が広がっている。ここは1959年に開場した、関西を代表する名門ゴルフコースの1つである。

古地図探訪

長尾駅付近

八田川が流れる現在の枚方市、長尾駅周辺の２枚の地図である。左の地図は1929年のもので、この当時は菅原村が存在した。長尾駅の西側には数本の道路が集まり、交通の要地であったことがわかる。菅原村の役場は、現在の菅原小学校を示す「文」の地図記号の北側にあった。片町線の線路を挟んだ東側には、「王仁博士墓」が存在する。王仁は古代、百済から来日し、千字文と論語を伝えたとされる人物である。長尾駅の南側に見える「卍」の地図記号は曹洞宗の寺院、正俊寺で、あじさいの寺として知られている。1967年の右の地図では、中心地だった長尾地区の西側、長尾谷地区で住宅地が開発されたことがわかる。道路整備も進められ、府道144号・735号などが直線の続く道路に変わっている。片町線に沿って進む府道736号は長尾駅付近まで通っているが、まだ北側へは伸びていなかった。

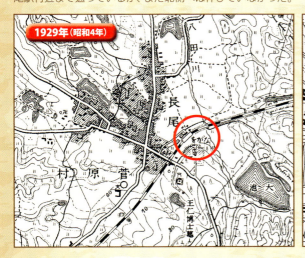

1929年（昭和4年）

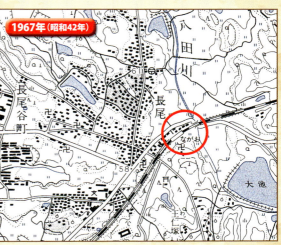

1967年（昭和42年）

1982年（昭和57年）

片町線の全線電化が完成したのはJR化後の1989年。国鉄時代の長尾駅では長らく、電車と気動車が構内で肩を並べる様子を見ることができた。103系とキハ35の取り合わせは1980年代に見られた光景だ。

撮影：安田就視

島式ホームとなっている長尾駅。橋上駅舎誕生前は、地下通路で駅舎と結ばれていた。

1979年（昭和54年）

2013年、橋上駅舎に建て替えられる前まで使用されていた長尾駅の地上駅舎。現在より四条畷寄りに設置されており、この当時はホームとの間は地下通路で結ばれていた。長尾・四条畷間複線化を祝う横断幕が見える。

撮影：荒川好夫（RGG）

2017年（平成29年）

Matsuiyamate St. / Ōsumi St.
松井山手、大住

松井山手駅は複線区間の東端、列車折り返し駅
1952年、片町線田辺～長尾間に大住駅開業

【松井山手駅】
開業年	1989（平成元年）年3月11日
所在地	京都府京田辺市山手中央70
ホーム	2面2線
乗車人員	7,005人
キロ程	27.8km（京橋起点）

【大住駅】
開業年	1952（昭和27）年12月1日
所在地	京都府京田辺市大住丸山17
ホーム	2面2線
乗車人員	1,678人
キロ程	30.3km（京橋起点）

1990年（平成2年）
撮影：森嶋孝司（RGG）

撮影前年の1989年に新設・開業して間もない頃の松井山手駅である。掘割の中にホームが設置されており、この駅舎は橋上駅舎の形となっている。

現在の大住駅のホーム。

現在の大住駅。

2017年（平成29年）
現在の松井山手駅。

　学研都市線（片町線）の複線区間の東端であり、列車の折り返し駅となっている松井山手駅は、1989（平成元）年3月に木津～長尾間が電化された際に開業した新しい駅である。また、将来的にはこの駅付近に北陸新幹線の新駅が設けられる案もあり、さらなる発展が期待される地域である。

　松井山手駅の構造は相対式ホーム2面2線の掘割駅で、橋上駅舎を有している。京田辺市山手中央に位置し、開業前の仮称は「松井」であったが、駅名に「山手」が加わった形である。快速、区間快速を含むすべての列車が停車する。

　大住駅は1952（昭和27）年12月の開業である。当初は単線1面1線で4両分の短いホームしかなかったが、2002年に相対式ホーム2面2線の地上駅となり、長さも7両分に延ばされている。この駅も快速、区間快速を含む全列車が停車する。

　この松井山手駅と大住駅付近はほとんどが丘陵地で、南側には枚方カントリー倶楽部、田辺カントリー倶楽部といったゴルフ場が開発された場所である。その後、西側には第二京阪道路（国道1号バイパス）、東側に京阪奈自動車道、北側に新名神高速道路が通り、多数のジャンクション、インターチェンジが誕生する交通の要地となった。

　こうした利便性を生かす形で、近年は住宅地が開発され、松井山手駅周辺には京阪東ローズタウンが誕生している。学研都市線の南側には、山手幹線が整備され、大住駅に近い大住ケ丘も一戸建てが並ぶ住宅地となっている。

古地図探訪

松井山手駅付近

かつての大住村から田辺町に変わっている2枚の地図であり、現在は京田辺市となっている松井山手付近の昔の姿がうかがえる。左の地図（1929年）では、湾曲しながら通る片町線（学研都市線）には、1989年開業の松井山手駅は存在していない。片町線の北側を中心にして、いくつかの溜め池があり、この地域の生活、農業の水源となっていた。一方、右の地図（1990年）では、前年に開業した松井山手駅が見え、片町線の南側では、松井ケ丘、花咲坂、大住ケ丘といった住宅地が開発されている。この中央部分で、新興住宅地の南側を走るのは山手幹線である。片町線の北側に見える「文」の地図記号は、現在の京田辺市立松井ケ丘小学校である。地図の西端、片町線が走る北西側でも「宅地造成中」であったことが示されている。

1929年（昭和4年）

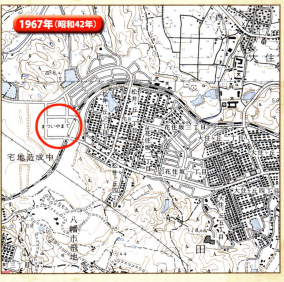

1967年（昭和42年）

おおさか東線

片町線には、支線となる貨物線の城東貨物線が存在している。この城東貨物線を改良して旅客営業を行ったのが、おおさか東線であり、2008（平成20）年3月に放出～久宝寺間で開業した。

現在は大和路線（関西本線）と学研都市線（片町線）を結ぶバイパス路線的な存在で、この両線とおおさか東線を結ぶ形で、JR東西線に乗り入れる列車が運行されている。距離は9.2キロと短く、途中駅も高井田中央、JR河内永和、JR俊徳道、JR長瀬、新加美の5駅である。しかし、2018年度末には放出～新大阪間の11.1キロが開通する予定である。また、新大阪～北梅田（仮称）間の延伸も計画されている。こうして距離が延び、東海道・山陽新幹線も乗り入れる新大阪駅、大阪市の中心部に位置する大阪駅と結ばれることで、沿線の利用客の利便性は、一挙にアップすることが見込まれている。

Kyōtanabe St.
京田辺
きょうたなべ

関西鉄道時代に田辺駅、市名に合わせ駅名改称
京田辺市の玄関口、近鉄京都線の新田辺駅連絡

【京田辺駅】	
開業年	1898（明治31）年4月12日
所在地	京都府京田辺市田辺久戸27
ホーム	2面3線
乗車人員	6,112人
キロ程	32.4km（京橋起点）

2017年（平成29年）

京田辺駅前にはかつて、蒸気機関車C11324が保存されていた。現在は動輪とナンバープレートが駅前に展示設置されている。

1984年（昭和59年）

撮影：森嶋孝司（RGG）

1972年（昭和47年）

提供：朝日新聞社

現在の京田辺駅。

「田辺」駅を名乗っていた頃、1984年の平屋建て木造駅舎である。その後、「京田辺」駅となった5年後の2002年に改築されて、現在のような橋上駅舎が使用されるようになっている。

田辺駅時代の白壁の木造駅舎は、側面から見ても風情のある表情であった。

　京田辺市の玄関口であり、近鉄京都線の新田辺駅との連絡駅となっているのが、学研都市線（片町線）の主要駅のひとつ、京田辺駅である。この駅のスタートは、関西鉄道時代の1898（明治31）年4月、長尾～新木津間の開通時に開業している。当初の駅名は「田辺」で、1997（平成9）年の京田辺市の市制施行に伴い、現在の「京田辺」に変わった。

　現在の駅の構造は島式ホーム2面3線の地上駅で、橋上駅舎を有している。2002年に現在の橋上駅舎が完成した。将来は、2面4線のホームに移行可能である。快速、区間快速、普通のすべての列車が停車する。この駅の東約300メートル離れた場所にある新田辺駅は、1928（昭和3）年11月に奈良電気鉄道の駅として開業し、1963（昭和38）年に近鉄京都線の主要駅のひとつとなっている。

　2つの駅の南、両線の西側には京田辺市の市役所が置かれている。京田辺市は、京都府の南部に位置し、大阪府・奈良県と接している。1889年の市制町村制の施行時には、京都府綴喜郡に田辺村のほか、大住村などがあった。1906年に田辺村が田辺町となり、1951年に大住村など4村が田辺町に編入された。1997年に市制を施行した際には、既に和歌山県に田辺市が存在することから、「京田辺」の市名を名乗ることとなった。この地は宇治市に近くお茶の栽培が盛んであり、玉露が特産品となっている。

古地図探訪

京田辺駅付近

戦前の1929年、戦後の1967年の2枚の地図であり、この時期には現在の京田辺市の市街地はわずかで、周囲には農地が広がっていた。左の地図において既に片町線、奈良電気鉄道（現・近鉄京都線）が開通しており、田辺（現・京田辺）駅、新田辺駅が置かれている。国鉄線の西側を走るのは、京都府道22号で、現在はさらに西側に山手幹線が通っている。この当時は田辺町の街役場は京田辺駅の西側に存在したが、現在は京田辺市の市役所となって、京田辺駅の南に移り、田辺公園の東側に置かれている。地図の中央付近、国鉄線の西側に見える「文」の地図記号は、現在の京田辺市立田辺小学校である。この田辺は頓智で有名な一休宗純ゆかりの場所であり、右の地図では西側に「一休ヶ丘」の地名が生まれている。

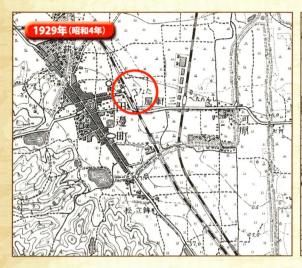

1929年（昭和4年）

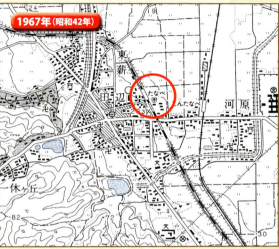

1967年（昭和42年）

現在の京田辺駅。

2017年（平成29年）

見どころ

【一休寺】
「一休寺」と称される臨済宗大徳寺派の寺院、酬恩庵。一休宗純ゆかりの寺で、枯山水の庭園や一休の木造のほか、一休寺納豆でも知られる。

一休さんゆかりの京田辺市では、2つの駅前に箒を持った一休宗純像が建てられている。

Dōshishamae St. / JR-Miyamaki St.
同志社前、JR三山木

同志社前駅は、国鉄で初めて学校名を冠した駅
開業時は「上田辺」、1997年に「JR三山木」

【同志社前駅】

開業年	1986(昭和61)年4月1日
所在地	京都府京田辺市三山木垣ノ内61
ホーム	1面1線
乗車人員	4,511人
キロ程	34.3km(京橋起点)

【JR三山木駅】

開業年	1952(昭和27)年12月1日
所在地	京都府京田辺市三山木高飛4
ホーム	1面2線
乗車人員	899人
キロ程	35.4km(京橋起点)

583系寝台電車を使用した「ダイヤパーラー」という名称の喫茶店が駅舎であった頃の同志社前駅。その後、利用者が増加し、2005年に現在の駅舎に改築されている。

この当時のJR三山木駅は、単式ホーム1面1線で、小さな駅舎の姿であった。2002年、木津方向に200メートル移転して新しい駅舎が誕生した。現在の駅舎は島式ホーム1面2線の高架駅となっている。

現在の同志社前駅。

「同立関関」と並び称される関西私学の雄、同志社大学の京田辺キャンパスの玄関口であり、駅名に大学名を冠しているのが同志社前駅である。駅の開業は新しく、1986(昭和61)年4月に国鉄の駅として開業した。当時の隣駅は田辺駅と上田辺駅で、現在は両駅ともに駅名を改称したことで、京田辺〜JR三山木に存在する。

現在の駅の構造は、単式1面1線の地上駅である。2005(平成17)年に現在の駅舎が完成した。以前には2面2線ホームの時代もあったが、2010年に2番ホームは閉鎖された。快速、区間快速を含む全列車が停車する。以前は国鉄583系(電車寝台)の廃車両が、駅の休憩室として使用されていたことでも知られる駅である。北東に存在する近鉄京都線の興戸駅とは連絡が可能となっている。

JR三山木駅は1952年12月、片町線(学研都市線)の祝園〜田辺(現・京田辺)間に新設された駅である。開業時の駅名は「上田辺」で、当初は単式1面1線の地上駅であった。1997年3月に現在の「JR三山木」へ、駅名を改称している。2002年3月、木津駅方面に200メートル移転して島式ホーム1面2線のホームを有する高架駅に変わった。

この駅の東側を並行して走る近鉄京都線には、三山木駅が置かれており、こちらは1928(昭和3)年11月に奈良電気鉄道の駅として開業している。この駅が存在することから、学研都市線の駅が「JR」を冠した駅名となった。

古地図探訪

同志社前駅、JR三山木駅付近

左の地図の時点では、並行して走る国鉄片町線と奈良電気鉄道（現・近鉄京都線）のうち、奈良電に三山木駅のみが存在していた。その後、1952年に国鉄にも上田辺駅が置かれ、右の地図（1967年）では、両駅が並ぶ形となっている。この上田辺駅は1997年に現在のJR三山木駅に改称している。地図の下には、宮津の地名が見えるが、近鉄宮津駅の開業は1993年で、この地図では存在しない。2枚の地図を比較すると、右の地図の段階で、国道22号とほぼ垂直に交差する京都府道65号が整備されたことが見て取れる。国鉄駅の開業や新しい道路の整備により、駅に近い三山木、南山地区に住宅が増えている。周辺はその後、さらに開発が進む一方で、地図の右側にあたる部分では、現在も農地がそのまま残っている。

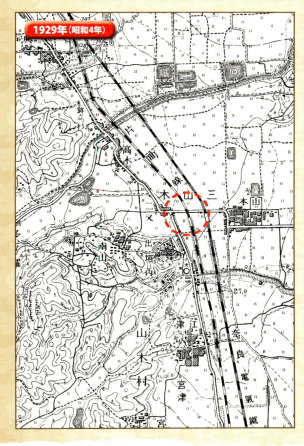

1929年（昭和4年）

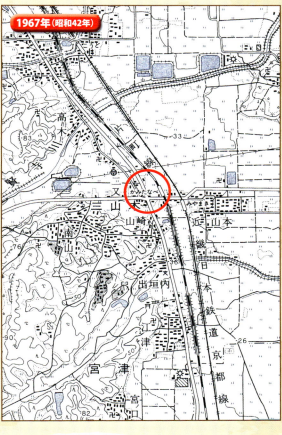

1967年（昭和42年）

1972年（昭和47年）

沿線の畑に菜の花が咲く非電化区間を、C11が貨物列車を率いて駆けて行った。木津～長尾間が非電化区間だった1950年代には、貨物列車の他、客車と貨車を連ねた混合列車の設定もあった。

撮影：安田就視

41

Shimokoma St. / Hōsono St.
下狛、祝園

下狛駅は1952年の開業、近鉄狛田駅と連絡
祝園駅は精華町玄関口、近鉄京都線に新祝園駅

【下狛駅】

開業年	1952（昭和27）年12月1日
所在地	京都府相楽郡精華町大字下狛治下新庄
ホーム	1面1線
乗車人員	407人
キロ程	37.4km（京橋起点）

【祝園駅】

開業年	1898（明治31）年6月4日
所在地	京都府相楽郡精華町大字祝園小字長塚1-50
ホーム	2面2線
乗車人員	2,096人
キロ程	39.7km（京橋起点）

現在は関西文化学術研究都市の玄関口であり、精華町を代表する祝園駅であるが、かつてはこんな小さな木造駅舎が使用されていた。
提供：朝日新聞社
現在の祝園駅。

1972年（昭和47年）
女子高生らがホームで列車を待つ現在の下狛駅。単線1面1線の駅であり、駅舎は設けられていない。

1998年（平成10年）
撮影・安田就視
祝園付近の単線区間を行く207系。2010年までは京田辺で京橋方からやって来た車両の切り離しが行われていた。京田辺〜同志社前、木津間は4両編成で運転していた。

　京都府内を走る片町線（学研都市線）は、京田辺市に続いて相楽郡精華町を走ることとなる。この精華町内には、下狛駅と祝園駅の2駅が置かれている。下狛駅は1952（昭和27）年12月、祝園駅は1898（明治31）年6月の開業という新旧の2駅である。
　下狛駅は単式ホーム1面1線を有する地上駅で、駅舎は存在しない。快速、区間快速、普通のすべての列車が停車する駅となっている。すぐ東側には近鉄京都線の狛田駅が置かれている。こちらは1928（昭和3）年11月に奈良電気鉄道の駅として開業しており、連絡駅となっている。
　祝園駅は2018年に開業120周年を迎える古参駅である。駅の構造は相対式ホーム2面2線と留置線2線のある地上駅で、橋上駅舎を有している。東側には、近鉄京都線の新祝園駅が存在しており、両駅は橋上通路で結ばれている。新祝園駅の開業は、狛田駅と同じ1928年11月で、国鉄（現・JR）よりも後発のため、駅名に「新」が付けられた。祝園駅の西側には精華町役場が存在する。
　この精華町は京都府の南西端に位置し、関西文化学術研究都市があることでも知られている。明治維新後の1889年に相楽郡の村が再編されて、祝園村、狛田村、稲田村、山田荘村が生まれた。1931年に祝園、狛田、稲田の3村が合併して川西村が誕生した。1951年に川西村と山田荘村が合併して精華町となっている。

古地図探訪

下狛・祝園駅付近

この2枚の地図では、片町線は木津川に沿って南に進む形であり、木津川は東側の地図外を流れている。国鉄線のすぐ東側には、近鉄京都線が走っている。現在は連絡駅として、北に下狛・狛田駅、南に祝園駅・新祝園駅が置かれているが、左の地図の時点（1929年）では、国鉄の狛田駅は開業していなかった。この当時、北は狛田村、南は祝園村であった。

2枚の地図で、国鉄線のすぐ西側を通るのが京都府南部の主要道路、府道22号（八幡木津線）である。現在はこのバイパスとして、山手幹線の建設が進められている。右の地図の時点（1967）では、一部でこの整備（舗装工事）が始まっていた。地図で道路の東側に見える精華町役場は後に西側に移り、2001年に新庁舎が誕生した。

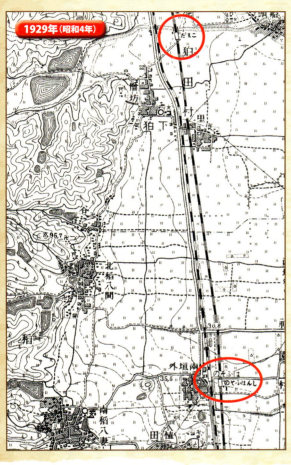
1929年（昭和4年）

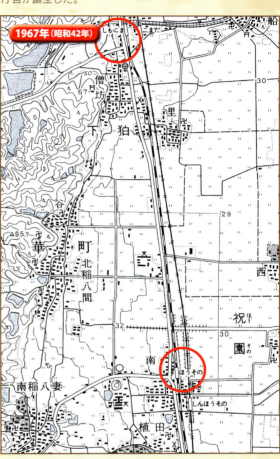
1967年（昭和42年）

『精華町史』に登場する片町線

　明治・大正・昭和戦前期の時刻表をみてみよう。開業当初は四条畷―木津間は網島（大阪市）―名古屋間の線路の中に吸収されていた。営業本数は1日上り・下り各5本である。始発は名古屋が4時35分、新木津9時41分、祝園9時51分、四条畷10時53分、網島11時26分、名古屋―網島間の所要時間は6時間51分である。

　1924（大正13）年1月1日改正のダイヤでは四条畷―木津間の路線が片町線として独立し、本数も四条畷―片町間上り、下り各17本、木津―片町間上り下り各8本となり、祝園駅利用可能の本数は15年間で60パーセントの増加となっている。始発は木津5時19分、祝園5時29分、片町7時7分である。木津―片町間上り・下り各8本、木津―祝園間所要時間10分は1930（昭和5）年10月1日改正でも同じである。これが変わるのは1933（昭和8）年7月1日改正である。この変化は1932（昭和7）年12月の片町―四条畷間の電化によるものである。33年改正によって列車は木津―四条畷間と片町―四条畷間の2系統になり、木津―四条畷間では上り・下り各14本が運転されるようになり、祝園駅の利用度が飛躍的に増大した。さらに木津―祝園間の所要時間も7分に短縮された。

43

Nishi-Kizu St. / Kizu St.
西木津、木津

学研都市線は、木津川市に西木津・木津の2駅
終着駅となった木津駅。奈良線・関西本線と接続

現在の木津駅。

【西木津駅】

開 業 年	1952（昭和27）年12月1日
所 在 地	京都府木津川市相楽川ノ尻55
ホ ー ム	1面1線
乗 車 人 員	413人
キ ロ 程	42.6km（京橋起点）

【木津駅】

開 業 年	1896（明治29）年3月13日
所 在 地	京都府木津川市木津池田116-2
ホ ー ム	2面4線
乗 車 人 員	4,123人
キ ロ 程	44.8km（京橋起点）

撮影：荻原二郎
木津のホームに佇むキハ35。深い屋根の大振りなホーム上屋やテルハ等、幹線系の駅を彷彿とさせる構内の様子は、関西本線が優等列車の行き交う主要路線として機能していた頃の面影だ。

撮影：荻原二郎
現在のモダンな橋上駅舎が完成する半世紀近く前、木津駅ではこのような小さな玄関の木造駅舎が使われていた。

　西木津駅は1952（昭和27）年に開業した比較的新しい駅であるが、1989（平成元）年3月の長尾〜木津間の電化に伴って現在地に移転している。以前は約100メートル、祝園駅寄りに置かれていた。駅の構造は単式ホーム1面1線の地上駅である。快速、区間快速、普通のすべてが停車する。

　木津駅は片町線（学研都市線）の終着駅であり、ここで関西本線、奈良線と接続することとなる。北は京都駅、南は奈良駅、東は名古屋駅、西は京橋（大阪）駅に至る、鉄道路線の要所となっている。

　木津駅の開業は1896（明治29）年3月で、奈良鉄道（現・JR奈良線）の駅としてスタートした。続いて、1898年6月、関西鉄道（後の片町線）を長尾駅から延伸し、約600メートル離れた場所に新木津駅が誕生した。同年9月に新木津〜木津間が延伸し、奈良鉄道と関西鉄道の接続駅となった。同年11月には関西鉄道の新木津〜加茂間が延伸され、名古屋と大阪を結ぶ路線が開通する。その後、この路線は変更されている。

　この木津駅付近の路線では、まず奈良線が1984（昭和59）年10月、京都〜奈良間で電化された。続いて、関西本線の木津〜加茂間が1988（昭和63）年3月に電化された。片町線（学研都市線）は1989（平成元）年3月に木津〜長尾間が電化されている。駅の構造は島式ホーム2面4線の地上駅で、橋上駅舎を有している。現在の駅舎は2007（平成19）年4月から使用されている。

古地図探訪

西木津・木津駅付近

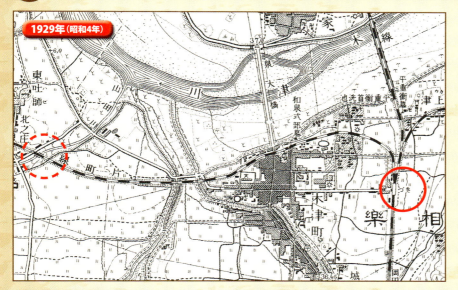
1929年（昭和4年）

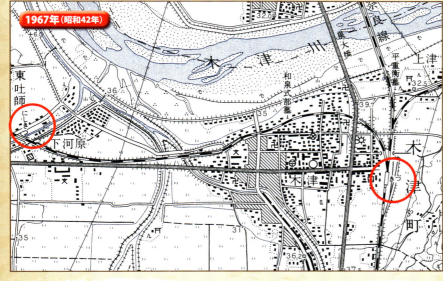
1967年（昭和42年）

北側を木津川が流れる、京都府相楽郡木津町（現・木津川市）の2枚の地図である。上の地図ではなかった西木津駅が、下の地図では西側部分に誕生している。2枚の地図では、木津川に架かる泉大橋の位置が異なっていることがわかる。木津川の南岸には、和泉式部と平重衡という歴史上有名な2人の墓が存在する。ともに平安時代の人物であるが、歌人として知られる和泉式部は、没年は不明であり、一説には木津の生まれで、晩年をこの地で過ごしたといわれている。一方、平清盛の五男であった平重衡は、南都（東大寺）焼討の責めを負って木津川畔で斬首され、木津の地に首洗池と供養塔（安福寺）が残されている。

2枚の地図は、木津駅が片町、関西、奈良線が集まる交通の要地であったことを示している。下の地図では、架け替えられた泉大橋を通る国道24号が、奈良方面に走っている。

見どころ

【海住山寺】
木津川市にある海住山寺は、真言宗智山派の寺院。鎌倉時代の1214（建保2）年に建立された、美しい国宝の五重塔で知られる。

2017年（平成29年）

橋上駅舎をもつ木津駅のホーム。構造は島式2面4線となっている。

45

『加茂町史』に登場する関西本線

　明治21年3月、関西鉄道株式会社は設立と鉄道敷設の免許状をえた。
　明治23年に草津・四日市間の本線開通をみ、翌24年亀山・津間の支線も開通したが、これだけでは関西鉄道は単に滋賀・三重両県下の中距離ローカル鉄道にすぎない。企業として発展の展望をひらくために、関西鉄道は東海地方の中心名古屋と、関西都市圏の中心大阪方面への進出を達成しなければならない。かくして26年2月、東にむかってはすでに免許をえていた四日市・桑名間に加えて桑名・名古屋間の、西にむかっては柘植から分岐して奈良までの路線延長免許が同時に申請された。後者の延長計画は、柘植「停車場ヨリ上野、笠置等ヲ経テ奈良県下大和国奈良停車場ニ至ル間鉄道ヲ布設シ以テ大阪鉄道会社線ニ接続」するというものであった。
　この二つの計画はいずれも免許されるが、関西地方への進入工作は明治28年12月、柘植・加茂間路線建設着工をもってはじまった。その線路は上野から西は木津川の流域に沿っているので、護岸擁壁の施工が多く、最急勾配は40分の1というきびしい工事であったが、30年11月11日、上野・加茂間が開通し、加茂駅も開業した。
　加茂駅は、設置当初から大正年間の終りまでにかけては、車掌区・機関区・検車区・保線区を有し、その建物も大きく設備も一・二等待合、洗面所などがととのい、また貨物列車の組成線としての設備もあった。このなかには、現在では稀少価値をもつようになった明治建築のランプ小屋も、昭和初期までは列車の灯をになう重要な役割をはたしていた。ただ、跨線橋などを含めた付属設備の充実は、大阪鉄道会社線を併合した33年以降、つまり湊町・名古屋間を関西鉄道の本線とした時期のことであろうという。
　その後、大仏鉄道（大仏線）の廃止、奈良鉄道と関西鉄道の木津駅での接続完成が背景となって、国有鉄道時代の大正15年（昭和元年）、機関庫や貨物列車の組成設備は木津に移っている。大正15年8月3日付け『日出新聞』は、「加茂駅にある機関庫は列車運転上不便を感ずるので近々木津駅へ移転するとの噂がある」と報じている。当時、加茂駅には駅員と機関庫員で約90名いたが、これにより約60名が減員となる予定となっている。これに先立つ4年にも、奈良駅機関庫竣成とともに、約280人弱の従業員が加茂から移動している。こうして、加茂駅は昔日の輝やきを失っていくのだが、太平洋戦争末期の昭和20年（1945）6月、神戸鷹取工場の機関車修繕作業の一部が工場疎開計画にしたがって移転し、20年12月から25年3月まで加茂機関職場として、一時にぎわいをとり戻している。

和歌山線

　和歌山線は、王寺駅と和歌山駅を結ぶ87.5キロの路線である。途中駅の数は34駅とかなり多い。かつては、東京駅からはるばるやって来る寝台急行「大和」のほか、急行「しらはま」「紀ノ川」といった看板列車も運行されていた。寝台急行「大和」は、大阪市内の湊町（現・JR難波）駅から関西本線を経由して、参宮線の鳥羽駅に至る長い区間を走っていた。
　和歌山線のうち、北（奈良）側の王寺～高田間は、1891（明治24）年3月に大阪鉄道が開通させたものである。一方、高田駅から南（和歌山）側は、五条駅を境として、南和鉄道と紀和鉄道が開通させた路線である。その後、これらの鉄道は関西鉄道に統合され、1907年に関西鉄道が国有化されたことで、国鉄の路線となった。
　高田駅は現在、和歌山線と桜井線の分岐点となっている。この高田駅と五条駅が始発となる列車として、和歌山線から大和路線（関西本線）に入り、王寺・JR難波方面に向かう快速、普通列車が運行されている。

◎高田駅に停まるC58牽引の列車。撮影：荻原二郎

第2部
大和路線

　大和路線（関西本線のJR難波～加茂間の愛称）はその名の通り、主に奈良県内を走る路線である。大阪市内から八尾市、柏原市をへて、奈良県に入り、京都府木津川市の加茂駅に至る。この先は、関西本線として名古屋駅まで結ばれている。その歴史は1889（明治22）年、大阪鉄道が湊町（現・JR難波）～柏原間で開通したことに始まる。1892年に湊町～奈良間が全通した。また、奈良～木津間は1896年、奈良鉄道が建設した。その後、大阪鉄道、奈良鉄道は関西鉄道に統合され、1907年に国鉄の路線となった。

　当初は蒸気機関車による列車の運行で、1961（昭和36）年に湊町～奈良間が気動車運行となり、1973年に電化された。1984年には電化区間が木津駅まで、1988年に加茂駅まで延長されている。この年には、大和路線の愛称が決定され、「大和路快速」の運転も始まった。これは1973年からは直通運転されていた大阪環状線へ乗り入れる快速を発展させたものである。また、起終点駅の湊町駅は1994（平成6）年、JR難波駅と改称し、1996年に地下駅に変わっている。

電化後の関西本線で奈良と大阪の湊町を結ぶ快速列車は、専用色に塗られた113系が担当した。鮮やかな朱色は奈良・春日大社の社殿に倣ったものと言われ、JR化後に広まった地域色の先駆けの1つとなった。

JR-Namba St.

JR難波（旧・湊町）

【JR難波駅】	
開業年	1889（明治22）年5月14日
所在地	大阪市浪速区湊町1－4－1
ホーム	2面4線
乗車人員	25,459人
キロ程	0.0km（JR難波起点）

大阪鉄道のターミナル駅「湊町」として誕生
平成時代、地下駅に移転。駅名は「JR難波」に

地上駅だった頃の湊町駅の地上駅舎である。関西国際空港が開かれて、そのアクセス駅となるため、移転して現在のような地下駅に変わった。

歌謡曲のタイトルにあるような駅名が、ローマ字（アルファベット）で記されていた「湊町」時代の駅舎。地名を駅名にしたものだが、後発の私鉄駅はすべて「難波」を名乗っていた。

名古屋駅までの長い路線（関西本線）の始発駅であった湊町駅時代には、蒸気機関車が牽引する長距離用の列車と、短距離用の気動車が、広い構内、ホームを行き来していた。

現在のJR難波駅。

　1889（明治22）年5月、大阪市内では東海道線の大阪駅に続くターミナル駅として開業したのが大阪鉄道の湊町（現・JR難波）駅である。このとき、現在のJR関西本線にあたる港町〜柏原間が開通し、大阪鉄道の起点駅となった。1900年には関西鉄道の駅となり、1907年に国有化されて国鉄の駅に変わった。
　1989（平成元）年12月、駅は南西100メートルの現在地に移転し、地上駅から地下駅に変わった。その後、1994年9月に駅名を改称し、「JR」を初めて冠した「JR難波」駅となっている。大和路線（関西本線）の起終点駅ではあるが、現在の駅の構造は頭端式のホームではなく、島式ホーム2面4線を有する地下駅となっている。

　難波は「キタ」と呼ばれる大阪駅（梅田）周辺と並ぶ、大阪有数の繁華街「ミナミ」の中心である。その中心は、御堂筋と千日前通が交差する難波交差点付近の中央区難波1〜4丁目である。
　一方、JR難波駅は浪速区湊町1丁目に存在し、四ツ橋筋と千日前通が交差する湊町南交差点南西に置かれている。北側を通る千日前通には近鉄と阪神の大阪難波駅および市営地下鉄千日前線のなんば駅があり、御堂筋に市営地下鉄御堂筋線のなんば駅がある。さらにこの南東には南海の難波駅が置かれており、これらの駅とは少し距離が離れている。最も近い場所にあるのは市営地下鉄四つ橋線のなんば駅となっている。

古地図探訪

JR難波駅付近

1929年（昭和4年）

1955年（昭和30年）

大阪・ミナミの中心地を流れる道頓堀川の南側には、千日前通が見えるが、この2枚の地図では湊町駅が存在するため、駅の両側で分かれる形になっている。大阪市電は駅の北側を迂回しながら、東西の停留場を結んでいた。その後、駅は南に移転してJR難波駅と名称が変わり、東西が結ばれて、湊町南・湊町西交差点などが生まれている。両地図の南東には南海の難波駅が存在する。上の地図では、南海線の難波駅の北側には高島屋が入るターミナルビルはまだ誕生していない。市電通りを挟んだ北側に（南地）演舞場が存在した。さらに北側には、難波憲兵分隊が置かれていた。国鉄線の西側には、稲荷町1〜3丁目の地名があり、その由来となった赤手拭稲荷社が鎮座している。下の地図では、南海線の難波駅の北東には、現在は姿を消した大阪歌舞伎座が誕生している。

市電、乗合自動車（バス）、トラック、馬車がひしめき合う湊町駅の駅前風景。既にこの頃から交通渋滞が蔓延していた。

1929年（昭和4年）

提供：朝日新聞社

見どころ

【湊町リバープレイス】
八角形の宇宙船のような外観が特徴となっている湊町リバープレイス。2002年、「ルネッサなんば」の施設として、旧湊町駅の貨物ヤード跡に開業した。

49

1961年に大阪環状線が開通する5年前、工事が開始される頃(1956年)の今宮駅周辺の空撮写真である。②の番号が今宮駅で、右上には関西線の起終点駅であった①の湊町(現・JR難波)駅が見える。現在、④の区間はその後に地下化されて、JR難波駅も地下駅となっている。左上に延びるのが今宮駅で分岐していた関西線貨物支線で、大阪港駅方面に向かっていた。現在、今宮駅は関西線、大阪環状線の分岐点となり、③の番号がある付近に芦原橋駅が設けられている。

①湊町駅　1956年（昭和31年）　④地下区間

大阪市　八尾市　柏原市　三郷町　王寺町　斑鳩町　大和郡山市　奈良市　木津川市

提供：朝日新聞社

Imamiya St. / Shin-Imamiya St.
今宮、新今宮
いまみや　　しんいまみや

新年に「十日戎」で賑わう、今宮戎神社お膝元
今宮駅は大阪鉄道時代、新今宮駅は昭和に開業

【今宮駅】

開業年	1899（明治32）年3月1日
所在地	大阪市浪速区大国3-13-13
ホーム	計3面4線（2層式）
乗車人員	4,483人
キロ程	1.3km（JR難波起点）

【新今宮駅】

開業年	1964（昭和39）年3月22日
所在地	大阪市浪速区恵美須西3-17-1
ホーム	2面4線
乗車人員	64,614人
キロ程	2.5km（JR難波起点）

1986年（昭和61年）
撮影：森嶋孝司（RGG）

地上駅であり、改札ボックスが設置されていた頃の今宮駅である。現在の駅舎は1階に改札口があり、2階に大和路線・大阪環状線、3階に大阪環状線のホームが存在する高架駅となっている。

1962年（昭和37年）
撮影：野口昭雄

今宮駅の関西本線キハ35と、交差する大阪環状線の内回り線（上）。

現在の今宮駅。

見どころ

【敷津松之宮】
「木津の大国さん」の名で、大阪の人々に親しまれてきた神社。素戔嗚尊、大国主命を祀り、付近の町名、駅名になっている。

　「十日戎」「福むすめ」などで知られる大阪を代表する神社のひとつ、今宮戎神社。その最寄り駅として、大阪鉄道の開通から10年が経過した、1899（明治32）年3月、当時の西成郡今宮村（後に今宮町、大阪市に編入）に開業したのが今宮駅である。それから65年が経過した1964（昭和39）年3月、約1.2キロ離れた東側（天王寺寄り）に新今宮駅が開業した。

　新今宮駅は開業時、大阪環状線単独の駅で、相対式ホーム2面2線をもつ高架駅であった。1968年に関西本線（大和路線）、大阪環状線のホームが分離されて、島式2面4線の構造となり、当初は関西本線の列車は通過していたが、1972年から停車するようになった。その間、1966年12月には南海の新今宮駅が開業して、連絡駅となっている。

　一方、今宮駅からは1928（昭和3）年、関西本線の貨物支線として今宮～大阪港間が開業している。この路線の一部は1961年に大阪環状線に編入された。現在の駅の構造は、関西線は相対式ホーム2面2線（1・2番線）で、大阪環状線は単式上下2層構造のホーム（3・4番線）となっている。このうち、関西本線の下りホーム（2番線）と、大阪環状線の外回りホーム（3番線）が同一平面上の島式ホームという形である。新今宮～今宮間の距離は1.2キロであるが、今宮駅と大阪環状線の芦原橋駅との距離は、0.6キロとかなり短くなっている。

古地図探訪

新今宮・今宮駅付近

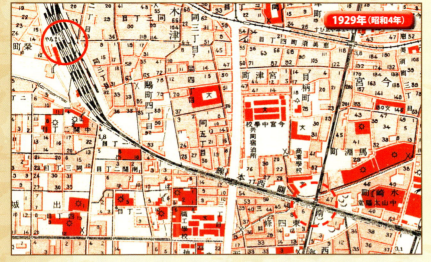

1929年（昭和4年）

大きくカーブして走る大和路線とともに、真っすぐに南下する南海本線、阪堺線が見える新今宮・今宮駅付近の地図である。この時期、まだ新今宮駅は誕生していなかった。今宮駅からは貨物支線（現・大阪環状線）が分岐している。両駅の駅名の由来となった今宮戎神社は、地図の北東に鎮座している。

2枚の地図の北側は住宅地で、南側には工場が点在している。中央付近に見える学校は、上の地図では今宮中学校（旧制）であったが、下の地図では今宮高等学校に変わっている。関西線の線路を挟んで存在する職工学校は、今宮工業高校（現・今宮工科高校）になっている。南西の水崎町には、戦前から大手化粧品メーカーとして有名だった、中山太陽堂（現・クラブコスメチックス）の本社、工場が存在している。その東側には、大阪市電の天王寺車庫が存在した。

1955年（昭和30年）

1986年（昭和61年）

関西線、大阪環状線が並んで走っている新今宮駅東口の高架下には、阪堺電軌阪堺線の新今宮駅前（当時は南霞町駅）が置かれている。両駅の改札口付近から、多くの利用客が出てくる光景である。

撮影：森嶋孝司（RGG）

53

Tennōji St.
天王寺
関西・阪和・大阪環状線が連絡、地下鉄は2線
公園内に動物園、美術館。あべのハルカス誕生

【天王寺駅】

開業年	1889（明治22）年5月14日
所在地	大阪市天王寺区悲田院町10-45
ホーム	5面5線（頭端式）4面7線（島式）
乗車人員	145,100人
キロ程	3.5km（JR難波起点）

1967年（昭和42年）

撮影：荻原二郎

天王寺のホームに停車するC58牽引の旅客列車。関西本線大阪口の列車は大阪環状線の内側にある湊町駅（現・JR難波駅）を起点終点とする列車が主だった。関西本線（大和路線）が非電化だった時代には、大阪ミナミの街中を蒸気機関車が行き交った。

1958年（昭和33年）

撮影：中西進一郎

商都大阪の関西本線近郊区間である天王寺～奈良間では、増大する利用客へのサービス向上を目的として、旅客列車の無煙化が進められてきた。1950年代には新鋭車両のキハ16、17が投入された。

1984年（昭和59年）

撮影：安田就視

大和路線の普通列車運用に就く101系が、天王寺の地上ホームへ入線する。前照灯はシールドビーム2灯となり、屋上に冷房機器を搭載した更新化後の姿だ。

　天王寺は聖徳太子が創建した四天王寺付近に広がる地名であり、江戸時代には天王寺村が存在した。明治維新後の1889（明治22）年には天王寺村と阿部野村が合併し、東成郡天王寺村となり、1897年に一部が大阪市、鶴橋村に編入された。1903年、第5回内国勧業博覧会が開かれ、その跡地が天王寺公園に変わり、後に大阪市天王寺動物園、大阪市立美術館が誕生している。1925（大正14）年、残りの天王寺村が大阪市に編入されて天王寺区が成立した。

　天王寺駅は1889年5月、大阪鉄道が湊町（現・JR難波）～柏原間を開通させたときに開業した。その後、1895年5月、城東線（現・大阪環状線）が玉造駅まで開通し、分岐点の駅となった。1900年に関西鉄道の駅となり、1907年に国鉄の駅に変わった。1929（昭和4）年には現在の阪和線の前身である阪和電気鉄道が開通し、阪和天王寺駅が開業している。1962（昭和37）年9月には、民衆駅となる天王寺駅ビルが完成した。1995（平成7）年9月には新しい駅ビル「天王寺ミオ」がオープンした。

　天王寺にはJR駅とともに、大阪市営地下鉄の御堂筋線と谷町線に天王寺駅が存在する。また、阪堺電気軌道は天王寺駅前駅を置いている。近鉄の駅は大阪阿部野橋駅の名称を使用している。天王寺区の区役所は、これらの駅から離れた四天王寺の北側に置かれており、最寄り駅は谷町線の四天王寺前夕陽ケ丘駅である。

古地図探訪

天王寺駅付近

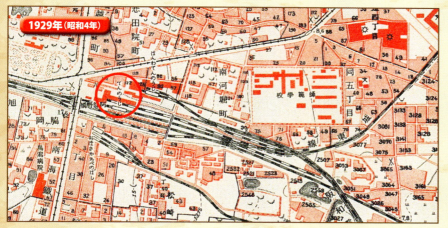

1929年(昭和4年)

1955年(昭和30年)

上の地図では、中央に阪和天王寺駅、国鉄天王寺駅、大阪阿部野橋駅の3つが並んで存在している。下の地図では、阪和天王寺駅が国鉄駅に吸収されており、現在は駅ビル「天王寺MIO」となっている。近鉄阿部野橋駅との間には、あびこ筋が整備されて、地下鉄御堂筋線が通っている。両駅の西側を通るあべの筋(大阪府道30号)には、南海(現・阪堺電軌)上町線が走っている。

地図の北西には、天王寺公園の一部が見え、上の地図では博物館、美術館、公会堂などの施設が存在している。下の地図では、その南側に病院とともに、(大阪)市立医大が置かれ、現在は大阪市立大学医学部となっている。一方、上の地図の北東には(大阪府天王寺)師範学校の広い校地が見える。その後の下の地図では、大阪学芸大学に変わり、現在は大阪教育大学天王寺キャンパスとなっている。

1984年(昭和59年)

撮影:安田就視

見どころ

【茶臼山古墳】
ビルに囲まれた天王寺公園の中にある茶臼山古墳は、公園本体の間に河底池があり、散策が楽しめる遊歩道が整備されている。

天王寺駅は大阪市内を循環する大阪環状線と、奈良・和歌山・京都方面に向かう関西本線、阪和線が接続しており、さまざまな列車の姿を見ることができる。

大阪市 / 八尾市 / 柏原市 / 三郷町 / 王寺町 / 斑鳩町 / 大和郡山市 / 奈良市 / 木津川市

1962年に完成した鉄筋コンクリート5階（一部10階）、地下2階建ての「天王寺ステーションビル」。国鉄と近鉄、南海、日本交通公社、都ホテルなどの民間企業が共同出資して開発されたことで「天王寺民衆駅」と呼ばれた。当時のステーションビルには、天王寺ステーションデパートが入店していた。右側の掘割部分に関西本線、大阪環状線のホームがあり、左側の地上部分に阪和線のホームがあった。この駅の周囲を囲む谷町筋、玉造筋などには大阪市電、市バスが走っていた。

1962年（昭和37年）

大阪市 / 八尾市 / 柏原市 / 三郷町 / 王寺町 / 斑鳩町 / 大和郡山市 / 奈良市 / 木津川市

提供：朝日新聞社

Tobushijōmae St.
東部市場前
とうぶしじょうまえ

1989年に開業。中央卸売市場東部市場あり
戦前には百済駅が存在。住民の声から復活

【東部市場前駅】

開業年	1989（平成元年）年11月11日
所在地	大阪市東住吉区杭全1-10-24
ホーム	2面2線
乗車人員	7,508人
キロ程	5.9km（JR難波起点）

提供：朝日新聞社

1963年に開業した百済貨物駅。トラックが行き交う前に、大きな祝賀看板が見える。現在も百済貨物ターミナル駅として、大阪東部の物流の中心となっている。

撮影：松本正敏（RGG）

開業（1989年）から1年が経った頃の東部市場前駅である。左手奥には真新しい自動券売機が設置されており、手前にはJR系のコンビニ「ハート・イン」が高架下の店を構えていた。

現在の東部市場前駅。

　関西本線と並行して走る国道25号が、今里筋（大阪市道森小路大和川線）と交差する杭全（くまた）交差点付近に、東部市場前駅が置かれている。東部市場前駅の開業は1989（平成元）年11月で、平成に入って誕生した新しい駅である。駅の名称は北側に存在する大阪市中央卸売市場東部市場から採られている。駅の構造は相対式ホーム2面2線を有する高架駅である。大和路快速、快速などは通過し、普通のみが停車する。

　駅名の由来となった大阪市中央卸売市場東部市場は、福島区に存在する本場が手狭になったための打開策として1950年代に計画され、1964（昭和39）年11月に開場した。青果、水産物、加工食料品を扱い、集積規模は全国でも10本の指に入る大規模な卸売市場である。

　開場1年前の1963年に平野駅から延びる貨物支線が開通し、東側に百済貨物（現・百済貨物ターミナル）駅が開業した。さらに市場開業と同時に、東部市場への引き込み線の駅が設けられ、市場の構内に百済市場駅が開業した。この引き込み線と百済市場駅は1984年に廃止されている。これとは異なる形で、駅の西側には1909年から1945年頃まで百済駅（旅客駅）が存在した。

　関西本線の南側を走る近鉄南大阪線には、河堀口駅と北田辺駅の2駅が置かれている。河堀口駅は関西線と近い位置にあるが、連絡可能な駅が存在しない。また、東部市場前駅と北田辺駅はかなり距離が離れている。

『大阪市史』に登場する関西本線

関西鉄道による統合

　関西鉄道は、さきに城河鉄道（未開業）・浪速鉄道を合併したが、さらに大阪進出の本命として大阪鉄道との合併に触手を伸ばした。大阪鉄道は明治21年（1888）3月に建設を開始し、22年5月に開業していたが、33年前後になって、河南鉄道による大阪上本町への延長計画や関西鉄道の大阪市内乗入計画などで、その周辺に競争線が目だってきていた。大阪鉄道はこれらの計画に対し、再三反対請願を行っていた。政府もまた狭い地域に競争線が続出することを憂慮し、まず大阪・河南両鉄道の合併を勧奨した。これは大阪鉄道の提示した合併条件が河南鉄道に受け入れられず、不成立に終わっていた。

　関西鉄道もまた大阪鉄道との競争線申請を機に、狭い地域での競争は相互の不利益になるとし、大株主の合意を取り付けて大阪鉄道との合併の話し合いを進めたが、収益性の高い大阪鉄道との合併問題はかなり難航した。33年3月になって、大阪鉄道は同社の大株主協議会181人全員一致で合併を可決し、委員9人を選定して関西鉄道と交渉した。しかし合併条件に関して両社の意見が一致せず、いったん破談となった。このとき山陽鉄道社長松本重太郎が調停者となって話をまとめ、大阪鉄道がその事業一切を関西鉄道へ譲渡したのは、同年6月のことであった。合併に当たって、大阪鉄道の株主には、一株について関西鉄道の同額の払込株券二株と現金14円が交付された。大阪鉄道側にとって有利な条件であった。

　関西鉄道は、こうして官設鉄道（官鉄）との競争線を作り上げた。同社は特にサービスの改善に熱心であった。例えば32年には網島駅（現都島区）構内に大阪営業事務所を設け、特約割引をして旅客貨物の誘致に努めたり、「神坂間二於テ曳船会社及大坂商船会社付属曳船店等ト連絡ヲ通シ片町駅ニ回付セシ」めたことは注目すべき動きである。さらに、第五回内国勧業博覧会に際しては天王寺駅より支線を新設、博覧会駅を設け、旅客の便を図った。また客車の上等（一等）は白、中等（二等）は青、下等（三等）は赤と、乗車券の地色に合わせて客車の窓の下に等級を示す色帯を巻いたりして、利用者にわかりやすくするなどの営業努力を行った。

　サービスの面では、特に35年から37年にかけて、二度にわたって官鉄との間で猛烈な客貨の争奪戦を展開したことはあまりにも有名である。その発端は、関西鉄道が名古屋－大阪間の運賃を官鉄より安く割り引いたのに対して、官鉄がさらに値下げしたことにあった。一回目の競争は両者の協定ができてまもなく収まったが、二回目のそれはまさに泥仕合の観を呈した。例えばみやげに豪華な弁当を進呈するというような、双方手段を選ばぬ過剰サービスぶりで、日本の鉄道の歴史ではほとんど例をみないものであった。結局これも仲裁が入り、名阪間について旅客運賃は同額に、貨物の輸送量は折半ということで協定ができて、騒ぎは半月ほどで収まった。

　関西鉄道は37年から38年にかけて、紀和鉄道・南和鉄道・奈良鉄道を吸収、近畿地方鉄道の大部分の鉄道網を統合して当時の五大私鉄の一つに数えられるまでになった。同社は国有化に至るまで、さらに積極的な姿勢を展開していくのであった。

【大阪市中央卸売市場東部市場】
1964年11月に開設された大阪市中央卸売市場東部市場は、1976年以降、取扱量の増加により施設拡張を行い、拡張、施設改築が行われている。

Hirano St.

平野
ひらの

【平野駅】
開業年	1889（明治22）年5月14日
所在地	大阪市平野区平野元町9−12
ホーム	2面3線
乗車人員	11,639人
キロ程	7.4km（JR難波起点）

大阪鉄道時代に誕生した古参駅。南には谷町線
古い街並み残す平野郷。訪れる観光客迎える駅

既に橋上駅舎となっていた平野駅である。この南口側にはロータリーが存在し、タクシーが停車している場所には現在、近鉄バスの乗り場が設置されている。反対側の北口駅前には、天王寺学館高校が存在する。

橋上駅舎になる前の平野駅で、瓦屋根のある地平駅舎が使用されていた。駅前は舗装されておらず、水たまりが目立つ。電柱、電話ボックスの姿もある。

「ひらの」とひらがなで大書きされた、跨線橋の駅名表示が微笑ましい。閑散時間帯なのか、ホームに停車するキハ35も2両の短編成。現在の都市近郊駅然とした構内の雰囲気とは隔世の感が強い。

現在の平野駅。

　平野駅は1889（明治22）年5月、大阪鉄道の湊町（現・JR難波）〜柏原間が開通した際に開業している。1900年に関西鉄道の駅となり、1907年に国鉄の駅となった。1931（昭和6）年、城東貨物線（片町線貨物支線）が片町駅から開通し、関西本線との合流点に正覚寺信号所が開設された。この信号所は1939年に平野駅と統合、2年後に独立する形で再設置されたが、1961（昭和36）年に再び統合された。1963年10月には関西線貨物支線が百済駅まで開通している。

　現在の駅の構造は、単式ホーム1面1線と島式ホーム1面2線、通過線1線の地上駅で、橋上駅舎を有している。大和路快速、快速などは通過し、普通のみが停車する。駅の南側、阪神高速14号松原線・大阪内環状線（国道479号）の下には、1980年に開業した大阪市営地下鉄谷町線の平野駅が存在する。両駅の距離は約1.2キロあり、乗り換えには不向きである。

　「平野」の地名は、平安時代に坂上田村麻呂の二男、坂上広野麻呂の荘園があり、「広野」が「平野」に変わったとされる。その後、大念仏寺が開基され、門前町が形成された。この地は坂上氏の末裔と称する「平野七名家」が自治を行い、「平野郷」として栄えた。1889年には住吉郡（後に東成郡）に平野郷町が置かれ、1925（大正14）年まで存在した。その後は大阪市の一部となり、1974年に東住吉区から平野区が分区されている。

古地図探訪

平野駅付近

地図の北側を通る関西線に平野駅が置かれている。2枚の地図とも、駅の北側には平野撚糸工場、南側には日本紡績平野工場が存在している。現在は両者ともに姿を消し、北側には日興製罐、平野北日興マンション、南側にはメガロコープ平野、イズミヤ平野店、平野北中学校などが誕生している。関西線の南側、東寄りには杭全神社が鎮座している。日本紡績平野工場の南側に見える「文」の地図記号は平野小学校である。一方、工場の南西には国道25号が通り、大念仏寺が存在する。この南東一帯が平野の中心地「平野郷」であった。

2枚の地図では、西側から南海電鉄平野線の線路が伸び、終着駅として平野停留場が存在した。阪堺線の今池・平野間を結んでいた、この南海平野線は1980年に廃止された。右の地図では、この駅の北側に東住吉区役所が置かれている。

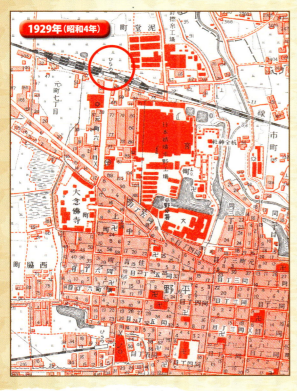

1929年（昭和4年）

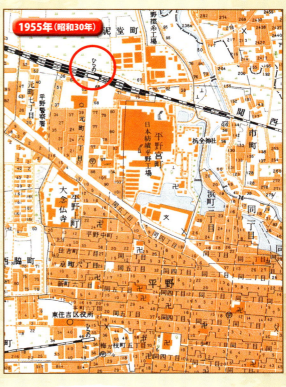

1955年（昭和30年）

1927年（昭和2年）

1927年、大阪市で最初となる市営乗合自動車（バス）が開業した。阿部野橋〜平野間の路線が開通し、平野にバスがやってきた。これは平野駅前でバスに乗り込もうとする人、見守る子どもの姿である。

提供：朝日新聞社

61

Kami St.
加美
かみ

当時の八尾〜平野間に1909年、新駅が開業
近接する形で、おおさか東線の新加美駅が誕生

現在の加美駅

【加美駅】	
開業年	1909（明治42）年4月1日
所在地	大阪市平野区加美鞍作1-1-37
ホーム	2面2線
乗車人員	8,854人
キロ程	8.9km（JR難波起点）

大阪市内を走る大和路線（関西本線）だが、この加美駅付近では地上を走り、遮断機のある踏切が残っている。

1987年（昭和62年）
撮影：森嶋孝司（RGG）
橋上駅舎となっている加美駅の北口である。この駅の北口、南口ともに駅前ロータリーやタクシー乗り場がなく、バス停も存在しない。現在は、この北口の至近距離に新加美駅が誕生している。

現在の加美駅。

　加美駅は1909（明治42）年4月、国鉄（関西本線）の平野〜八尾間の中間駅として開業している。現在の駅の構造は、相対式ホーム2面2線の地上駅で、橋上駅舎を有している。駅の北東約100メートルの場所には、おおさか東線の新加美駅が存在する。この駅は2008（平成20）年3月に開業している。新加美駅の誕生で、加美駅の乗降客数はかなり減少した。加美駅は大和路快速、快速などが通過、普通のみが停車する。

　駅が置かれているのは大阪市平野区加美鞍作1丁目であり、平野区になる前は東住吉区であった。それ以前は中河内郡の加美村で、大阪市に編入されたのは比較的遅く1955（昭和30）年の第3次市域編入時である。さらに遡れば、江戸時代には「渋川郡五郷」のひとつ「賀美」であり、鞍作村、南鞍作村、正覚寺村などが存在した。地名の「加（賀）美」は、南側を流れる平野川の上流である「上（かみ）」に由来するといわれる。

　この加美駅の南側では、大阪府道5号（大阪港八尾線）が東西に伸び、東側では関西本線の下をくぐり、やがて神武町の交差点で大阪中央環状線（府道2号）と交差する。この付近は大阪市と八尾市の境界にあたり、八尾市側には久宝寺緑地が広がっている。

古地図探訪

加美駅付近

左の地図では北西から南東に延びる関西線だけだった鉄道路線が、右の地図では3本の貨物線が誕生している。加美駅から北西に延びる城東貨物線はその後、おおさか東線に変わり、新加美駅が生まれている。地図の中央北側を走り、加美駅の北側を通っているのは、八尾街道（大阪府道5号）である。一方、西側の平野東1交差点から南東に、平野川に沿って走っていくのが、本道ともいえる奈良街道（国道25号）である。左の地図では一部を除いて集落は平野方面から両街道の沿線にしか見えなかったが、右の地図ではかなり広範囲にわたって、住宅が建てられてきたことがわかる。2枚の地図で示されているように、戦前・戦後を通じて、府道5号北側の鞍作町付近に加美村の役場が置かれていた。右の地図で加美駅の南側に見える「文」の地図記号は加美南部小学校であり、現在は隣接する南側に加美南中学校も誕生している。

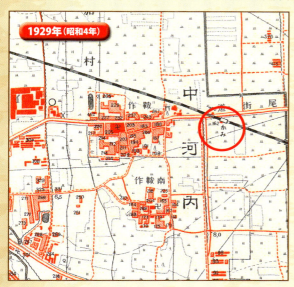

奈良線

　京都駅と木津駅を結ぶ現在のJR奈良線は、明治時代に京都・奈良間が奈良鉄道によって開通されたもので、京都と奈良を結ぶ国鉄（現・JR）線として利用されてきた。現在のルートのうち、京都～稲荷間は旧東海道線であった。奈良鉄道の開通は1895（明治28）年9月で、最初の開通区間は京都～伏見間である。その後も延伸を続け、1896年4月には京都～奈良間が全通している。1905年に関西鉄道の路線となり、1907年に関西鉄道が国有化されて、国鉄の路線となった。1909年の線路名称制定で、京都～木津間が奈良線、木津～奈良間が関西本線に分かれることとなった。

　奈良線は34.7キロの路線で、17の途中駅が置かれている。古都の京都、奈良という日本有数の観光地を結ぶ路線で、沿線にも宇治、稲荷といった名所の玄関口の駅があるが、単線区間がある上に、競合路線として近鉄京都線などがあるため、利用客はそれほど多くはなかった。近年は、外国人旅行客が利用することも多くなっている。

Kyūhōji St.
久宝寺
きゅうほうじ

由来は聖徳太子建立の寺院。江戸時代には村名
貨物列車の拠点だった竜華操車場が存在した

【久宝寺駅】

開業年	1910(明治43)年12月1日
所在地	大阪府八尾市龍華町2－3－1
ホーム	2面4線
乗車人員	16,311人
キロ程	10.6km（JR難波起点）

現在の久宝駅。

竜華信号所（操車場）に挟まれる形で存在していた頃の久宝寺駅。シンプルな地上駅舎だった。1997年に下り線が北側に移設され、現在のような橋上駅舎が誕生した。

1987年
(昭和62年)

国鉄久宝寺操車場。 提供：八尾市

撮影：森嶋孝司（RGG）

　1910（明治43）年に開業した、歴史の古い久宝寺駅であるが、鉄道ファンにはこの駅付近に設置されていた竜華操車場（信号場）の方がおなじみかもしれない。この竜華操車場は1938（昭和13）年に加美～八尾間に設置され、かつては久宝寺駅を通る上下線の間に挟まれる形で存在したが、1997（平成9）年に廃止された。

　竜華操車場の廃止により久宝寺駅周辺は再開発されることとなり、1997年、久宝寺駅に橋上駅舎が完成した。2008年には、おおさか東線の久宝寺～放出間が開通し、乗換駅となった。現在の駅の構造は、島式ホーム2面4線で、橋上駅舎を有する地上駅となっている。関西路線（大和路線）、おおさか東線ともに全列車が停車する。加美駅との間には近畿自動車道・大阪中央環状線が走り、この道路を挟む形で、駅の北西に久宝寺緑地が広がっている。服部・鶴見・大泉と並ぶ大阪4大緑地のひとつで、府営公園として整備されている。「花の広場」などとともにスポーツ施設が充実しており、緑地球場、久宝寺緑地プールなどが置かれている。

　「久宝寺」の地名は、聖徳太子が建立したとされる寺院名に由来するが、寺院の場所、創建などは不明である。江戸時代には久宝寺村が存在し、大和川は久宝寺川と呼ばれていた。この久宝寺村は、明治維新後もそのままに残り、1948（昭和23）年に八尾町、竜華町、大正村などと合併して、八尾市が成立するまで存在した。

古地図探訪

久宝寺駅付近

地図の北側には、大阪電気軌道桜井線（後に近鉄大阪線）が通り、弥刀駅、久宝寺口駅が置かれている。また、この線に沿って長瀬川が流れている。1929年の左の地図では、久宝寺口駅の南西には久宝寺村の集落が存在し、村役場や学校を示す地図記号が見える。顕証寺は「久宝寺御坊」と呼ばれた、浄土真宗本願寺派の寺院で、周囲に寺内町を形成していた。一方、南側を通る関西線には、久宝寺駅が見えるが、駅の周辺には集落は見えない。その南側を走る奈良街道（国道25号）沿いには、亀井、太子堂などの地名が見える。久宝寺駅付近を南北に通る農道は、後に府道179号に整備されている。
1967年の右の地図では、関西線沿いでも開発が進み、竜華操車場が開設されている。駅周辺にも早川電機（現・シャープ）をはじめとする工場が誕生している。

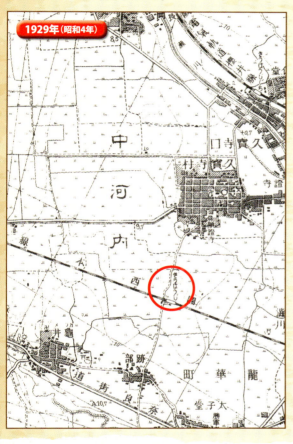
1929年（昭和4年）

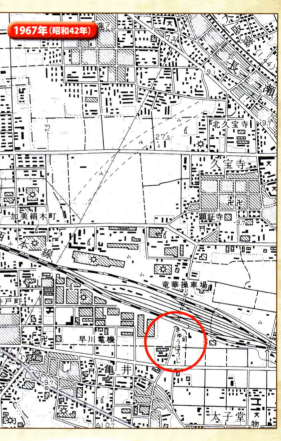
1967年（昭和42年）

『八尾市史』に登場する関西本線

　明治22年5月、湊町－柏原間の工事が完成し、14日、開通、安中に八尾停車場が設けられた。23年9月、柏原－亀ノ瀬間開通、23年12月天王寺－奈良間開通、24年2月、王寺－稲葉山間開通、24年3月王寺－高田間開通、亀ノ瀬稲葉山間の隧道工事が完成し、25年2月3日、大阪－奈良間の全通を見、亀の瀬、稲葉山の両停車場を廃した。これまで途中乗替えのため、2時間20分を要したが、このため1時間30分に短縮され、時間割の改正が行われた。
　当時は今と比較すると運転回数も少なく、湊町－柏原間、僅かに15回で、湊町、柏原間の両駅とも毎時零分に発車している。又湊町発柏原行が「下り」で、柏原発湊町行が「上り」で現在と逆になっている。又、天王寺－八尾間の所要時間は、上り下りとも17分を要している。従来、徒歩によるか、人力車によるか井路川舟を利用する以外に方法のなかった八尾地域南部から大阪への交通は、画期的な変化をもたらし、山ぎわに住む人で大阪に行く場合は、遠路を徒歩或いは人力車で八尾停車場へ出て大阪鉄道を利用した。　尚26年から28年にかけて、高田－桜井間、天王寺－玉造間、玉造－梅田間が漸次開通した。

Yao St.
八尾
やお

【八尾駅】

開業年	1889(明治22)年5月14日
所在地	大阪府八尾市安中町3-9-15
ホーム	2面2線
乗車人員	13,051人
キロ程	11.8km (JR難波起点)

河内音頭流れる街、空港のある八尾市の玄関口
北側を通る近鉄大阪線には、近鉄八尾駅が存在

現在の八尾駅。

1987年(昭和62年)

1969年当時の八尾駅の駅舎。
提供：八尾市

平屋建てのローカル色漂う駅舎が使用されていた頃の八尾駅である。2013年に南北自由通路をもつ橋上駅舎が誕生して、見違えるような近代的な駅に変わった。
撮影：森嶋孝司(RGG)

　南北に広く存在する八尾市を、北西から南東に走るのが関西本線（大和路線）で、八尾駅など3つの駅が置かれている。一方、八尾市役所を挟んだ北側には、近鉄八尾駅が存在し、両駅が八尾市の主な玄関口となっている。八尾駅の南側には八尾空港が広がっている。
　八尾駅は、1889（明治22）年5月、大阪鉄道の湊町（現・JR難波）～柏原間の開通時に開業している。1900年に関西鉄道の駅となり、1907年に国鉄の駅となった。現在の駅の構造は相対式ホーム2面2線の地上駅で、橋上駅舎を有している。この橋上駅舎、南北自由通路は2013（平成25）年7月に完成した。それまでは、竜華操車場を発する貨物線がこの駅まで延びており、南北に2つの地上駅舎が存在した。

　この八尾駅が存在する八尾市は「河内音頭のふるさと」を名乗り、久宝寺緑地において「八尾河内音頭まつり」を開催し、2017年で40回となっている。河内音頭は、河内地方（大阪府東部）で歌われてきた盆踊り歌であり、音頭、民謡、祭文、声明などがミックスされて、洗練を重ねてきた。戦後は鉄砲光三郎、河内家菊水丸らの人気者が現れ、全国的にも有名になった。
　駅開業と同じ1889年、若江郡の1町15村が合併して八尾村が成立した。1903年に中河内郡八尾町となり、1948（昭和23）年に竜華町、久宝寺村、西郡村、大正村と合併して、八尾市が成立した。その後、志紀町などを編入し、現在に至っている。

古地図探訪

八尾駅付近

この2枚の地図では、北側を大阪電気軌道桜井線（現・近鉄大阪線）、南側を国鉄関西線が通っている。現在の近鉄八尾駅は、八尾駅からスタートし、左の地図の時点（1929年）では大軌八尾駅となっていた。その後も駅名は変わり、右の地図（1967年）では近畿日本八尾駅となっていた。左の地図では両線の駅を中心に集落が存在するだけで、周囲はほとんどが田畑であった。国鉄八尾駅の北側には、2つの工場を示す地図記号が見える。

右の地図では、人家が増えて南北の市街地がつながっている。近鉄駅の南西に位置していた八尾町役場は、八尾市役所に変わっている。この時期になると、近鉄線の北側にも工場が誕生していた。

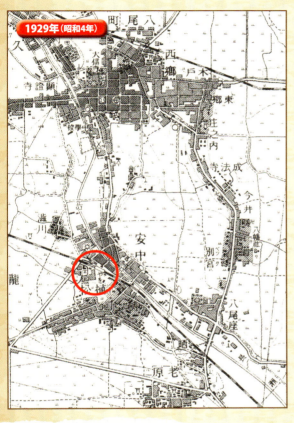
1929年（昭和4年）

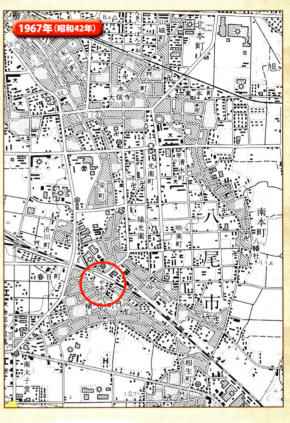
1967年（昭和42年）

現在の八尾駅。

見どころ

【玉手山古墳群の横穴】
大和川と石川の合流点の南東、玉手山の沖積丘陵上に点在する玉手山古墳群では、数十基の横穴墓が山腹に彫り込まれている。

国鉄八尾駅付近で遊ぶ子どもたち。
提供：八尾市

67

Shiki St.
志紀
（しき）

【志紀駅】	
開業年	1909（明治42）年4月1日
所在地	大阪府八尾市志紀町3-7
ホーム	2面2線
乗車人員	10,856人
キロ程	14.4km（JR難波起点）

明治時代に駅開業、燃料事情で一時廃止の歴史
駅の南側に国道25号と170号の志紀南交差点

現在の志紀駅。

1987年（昭和62年）

目の前に国道25号が通る、志紀駅の西口である。この駅のホームは盛土上に設けられており、2つのホームは跨線橋で結ばれている。北側（右側）には、東西を結ぶ自由通路が通っている。
撮影：森嶋孝司（RGG）

提供：八尾市
1960年代の志紀駅の東側。

　国道25号に沿って走る大和路線で、八尾市第三の駅となる志紀駅は、柏原市との境界に近い場所にある。駅南側には、国道25号と国道170号が交差する志紀南交差点が存在し、南西の弓削交差点、南東の二俣交差点の3か所で結ばれるトライアングルの形となっている。

　志紀駅は1909（明治42）年、八尾～柏原間の新駅として開業した。1946（昭和21）年当時は気動車（ガソリンカー）の時代であり、戦後の燃料事情悪化により、駅が一時廃止された。再開されたのは15年後の1961年10月である。現在の駅の構造は相対式ホーム2面2線の地上駅である。大和路快速や快速は通過し、普通列車のみが停車している。

　駅の西側には、陸上自衛隊八尾駐屯地と八尾空港が広がっている。八尾空港は定期便が発着せず、訓練など事業用の小型飛行機、ヘリコプターなどが発着するほか、陸上自衛隊や警察・消防の航空隊が利用している。戦前に開かれた阪神飛行学校の滑走路を前身であり、その後は大正陸軍飛行場として陸軍が使用した。戦後、アメリカ軍に接収された後、1952年から阪神飛行場として、一部を民間が使用するようになった。1954年に全面返還されて1956年からは八尾飛行場となり、1967年に八尾空港と改称されている。

古地図探訪

志紀駅付近

この志紀駅付近では、両地図ともに北西から南東に横切る形で、長瀬川、国鉄（現・JR）関西線、国道25号が並んで存在する。左の地図では、曙川村と志紀村に分かれており、曙川村は1955年、志紀町（志紀村から昇格）は1957年に八尾市に編入された。「曙川」の地名は、現在も曙川小学校、曙川南中学校の校名として残っている。

左の地図では、田畑の中に点在する形であった集落が、右の地図では志紀駅周辺を中心にかなり増加している。地図の中央付近の「天王寺屋」付近に見える工場は現在、ライフ志紀店に変わっている。現在は、志紀駅の南側で関西線を斜めに横切る形で、大阪外環状線（国道170号）が通っている。

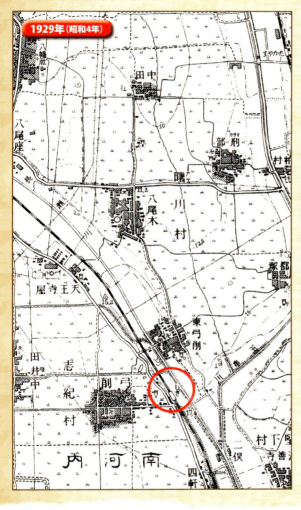

1929年（昭和4年）

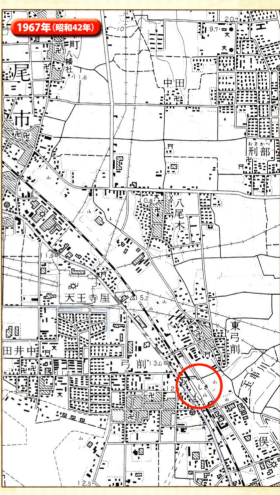

1967年（昭和42年）

2017年（平成29年）

志紀駅付近を走る大和路快速。

志紀駅の北側には、東口側と西口側を結ぶ自由通路が設けられている。

Kashiwara St. / Takaida St.

柏原、高井田
かしわら　たかいだ

柏原市の中心駅。近鉄道明寺線の柏原駅と連絡。
大和川の北に高井田駅。南に近鉄の河内国分駅

【柏原駅】
開業年	1889（明治22）年5月14日
所在地	大阪府柏原市上市1-1-32
ホーム	2面4線
乗車人員	11,110
キロ程	16.1km（JR難波起点）

【高井田駅】
開業年	1985（昭和60）年8月29日
所在地	大阪府柏原市大字高井田687-3
ホーム	2面2線
乗車人員	4,686人
キロ程	18.5km（JR難波起点）

1987年（昭和62年）

2007年に橋上駅舎に変わる前まで使用されていた柏原駅西口の地上駅舎。反対側の東口方面には、関西相互銀行（現・関西アーバン銀行）の柏原支店、ダイエー柏原店（2010年閉店）があった。

1987年（昭和62年）

1985年に開業して2年がたった頃の高井田駅の橋上駅舎である。こちらは南口で、駅前にはロータリー、バス停がある。反対側の北口には、道路を渡った場所に地上出入り口が設けられている。

現在の柏原駅。

2017年（平成29年）

柏原～道明寺を結ぶ近鉄道明寺線。

現在の高井田駅。

　柏原駅は同じ漢字を使うJR駅が、滋賀県と兵庫県にも置かれている。滋賀県の東海道線の駅は「かしわばら」、兵庫県の福知山線の駅は「かいばら」で、どれも読み方が異なる。また、奈良県には近鉄の橿原線、橿原神宮駅も存在するが、こちらの読み方は「かしはら」である。

　柏原駅は1889（明治22）年5月、湊町（現・JR難波）駅から延びる大阪鉄道の終着駅として開業した。翌年9月には柏原～亀瀬仮停車場間が開通して途中駅となった。1900年に関西鉄道の駅となり、1907年に国鉄の駅に変わっている。その間の1898年、現在の近鉄道明寺線の前身である河陽鉄道が柏原～古市間で開業して連絡駅となった。現在の駅はJRと近鉄が共同使用する形で島式ホーム2面4線の地上駅となり、橋上駅舎を有している。また、東側を走る近鉄大阪線には堅下駅が置かれている。こちらは1927（昭和2）年に大阪電気軌道八木線の恩地～高田間の開通時に開業している。

　同じ柏原市内にある高井田駅は1985（昭和60）年8月に開設された、比較的新しい駅である。駅の構造は相対式ホーム2面2線の地上駅で、橋上駅舎を有している。駅間の距離は、この駅と柏原間は2.4キロ、河内堅上駅とも同じく2.4キロで、開業前は柏原～河内堅上間の距離は長かったことがわかる。なお、大阪市内の大阪市営地下鉄中央線には高井田駅が置かれ、同駅と連絡するJRおおさか東線には高井田中央駅がある。

『柏原市史』に登場する関西本線

路線の計画

　大阪鉄道が計画されたのはこうした民間の鉄道熱の抬頭した時であった。はじめ、この鉄道を計画したのは国分村の住人三浦喜作ではなかったかと考えられる。彼の父喜一は国分村の百姓代をしていた。明治16年8、9月のころ、彼は運輸交通の便をはかるため国分村より大阪府摂津国東成郡天王寺村にいたる約5里（20キロメートル）の間に馬車鉄道を敷設せんと欲し、これを同国住吉郡平野郷馬場町の井上治にはかり、建設費の調査を依頼した。井上は調査の結果、10万円と算定した。その後同国同郡喜連村の佐々木政行、河内国大県郡平野村の山荘逸作、大和国広瀬郡池尻村の中尾重太郎、同国式上郡芝村の恒岡直史などがこの計画に賛同し、事業を起すこととなった。

会社の設立

　計画はその後馬車鉄道から汽車軽便鉄道それから普通鉄道へと変更され、建設区域も拡大して大和・河内・摂津の3ヶ国にまたがるものとなり、明治19年9月21日、大阪府に路線の測量許可を出願した。ところがその前日、阪堺鉄道会社からも、同線の大和川停車場付近から分岐して大和国高田町にいたる区間の鉄道建設が出願されていたので、路線の競合になることから両者が協議して大阪鉄道発起人より阪堺鉄道へ測量費3000円を送り、計画を譲り受けた。
　大阪鉄道株式会社は湊町・梅田間の建設をあとにして、湊町・奈良間の建設をまず行なうことにした。それについて明治21年9月3日、大県郡高井田村から奈良県の北今市までの間の路線変更を出願した。当初の計画路線は大県郡高井田村で大和川を渡り原川の谿流に沿って上り、田尻村から関屋越をへて葛下郡北今市村に出るはずであったが、長橋、隧道がある上、勾配が50分の1もあることから、これを変更して高井田村より左に大和川岸を遡り、亀瀬峠を穿ち、南葛城郡王寺村にいたり、ここを分岐とすることにした。この新路線では橋梁、隧道の数は多いが、勾配が100分の1までであり工事が容易だという。この変更は同年10月8日に認可された。
　買上げが終った後、明治21年9月16日から湊町・柏原間の工事が始まった、市域近くでは9月16日、渋川郡植松村から始まって漸次南へ向けて延びて来た。その後工事は順調に進み、明治22年（1889）5月14日に湊町・柏原間が開通した。23年9月11日には柏原・亀瀬（亀瀬隧道の西側入口付近の仮停車場）間が開通、ついで12月27日に王寺・奈良間が開通した。この時は亀瀬・王寺間は人力車で乗客を運んだ。明治24年2月8日には稲葉山（亀瀬隧道東入口仮停車場）・王寺間が開通、3月1日には王寺・高田間が開通した。翌25年1月に待望の亀瀬隧道が完成し、2月2日には亀瀬・稲葉山間の開通にともない、湊町・奈良間41.2キロメートルが全線開通した。亀瀬・稲葉山の両停車場はこの日廃止となった。また王寺・桜井間の建設も進み、26年5月にはこれも開通し、大阪鉄道の出願計画した路線はこれで全部完成したことになる。

営業の状態

　明治22年5月14日、湊町・柏原間が開業を始めた。開業当時は湊町、天王寺、平野、八尾、柏原の5つの停車場があり、汽車は湊町停車場の始発が午前6時で、40分かかって柏原へ着き、7時には折り返して柏原を発つという状態で、1日の列車運転回数は8往復であった。明治22年12月1日から15往復となった。旅客運賃は上、中、下等の3段階で、基準は下等1マイル（1.6キロメートル）あたり1銭2厘で、中等は下等の2倍、上等は3倍となっている。なお明治25年2月2日、湊町・奈良間の全線開通後は運賃の改定があり、湊町・奈良間は14銭になった。

1963年（昭和38年）

近畿日本鉄道大阪線との並行区間を行くキハ35を主体とした編成の快速。関西本線と近鉄大阪線はともに大阪府東部の輸送を担う存在だがそれぞれの経路は大きく異なり、柏原市内が唯一顔を合わせる地域である。

撮影：中西進一郎

Kawachi-Katakami St. / Sangō St.
河内堅上、三郷

河内堅上駅は1911年に青谷信号所からスタート
三郷駅は三郷町唯一のJR駅。1980年に開業

【河内堅上駅】
開業年	1927(昭和2)年4月19日
所在地	大阪府柏原市大字青谷488-1
ホーム	2面2線
乗車人員	423人
キロ程	20.9km (JR難波起点)

【三郷駅】
開業年	1980(昭和55)年3月3日
所在地	奈良県生駒郡三郷町立野南2-10-17
ホーム	2面2線
乗車人員	2,053人
キロ程	23.8km (JR難波起点)

1982年(昭和57年)

1982年の台風10号がもたらした大雨で王寺駅構内が浸水し、留置されていた電車が使用できなくなった。そのため、関東地区で余剰となっていた中央線快速(オレンジ)と総武線緩行(黄色)の101系が応援に駆け付け、混色編成で走った。車両には誤乗防止のために「関西線」を記したステッカーを貼った。

撮影:安田就視

1987年(昭和62年)

撮影:森嶋孝司(RGG)

三角屋根をもつ三郷駅は、1980年の開業から現在まで変わらずに使用されている。駅前の歩道も壁の色彩と統一され、落ち着いた雰囲気を醸し出している。

現在の河内堅上駅。

　大和川を遡るようにして進む大和路線には、奈良県との府県境近くに河内堅上駅が置かれている。柏原市第三の駅であり、1911(明治44)年11月、青谷信号所としてスタートした。1922(大正11)年に青谷信号場と変わり、1927(昭和2)年4月、駅に昇格する際に「河内堅上」が駅名となった。現在の駅の構造は、相対式ホーム2面2線を有する地上駅で、ホーム間は跨線橋で結ばれている。大和路快速、快速などは通過し、普通列車のみが停車する。かつては、次の三郷駅との中間に亀瀬仮停車場、稲葉山仮停車場が置かれていた。

　奈良県に入って最初の駅となる三郷駅は1980(昭和55)年3月の開業で、地元・三郷町の請願によって誕生した駅である。現在の駅の構造は相対式ホーム2面2線を有する地上駅である。なお、埼玉県の武蔵野線には、三郷(みさと)、新三郷駅があり、愛知県の名鉄瀬戸線には、同名の三郷(さんごう)駅もある。

　「竜田の紅葉」や「風の神」として知られる龍田大社がある奈良県生駒郡の三郷町。前身である三郷村は1889年、平群郡勢野村、立野村、南畑村が合併して誕生した。その後、生駒郡の所属となり、1966年に三郷町となった。この三郷町が町内で唯一のJR駅で、近鉄生駒線には信貴山下駅、勢野北口駅が存在し、かつては信貴山に登る東信貴鋼索線が通っていた。

古地図探訪

河内堅上駅付近

大和川が大きく湾曲して流れている、河内堅上駅付近の地図である。ほんどが山地であり、南側では、大和川沿いの狭い部分を奈良街道（国道25号）が走っている。一方、右の地図（1967年）では、北側の青谷付近で大阪府道183号線が整備されていることがわかる。「本堂高井田線」と呼ばれるこの道路は、道幅が狭く、小型バス1台分しか通れないような区間も存在する。現在は、河内堅上駅の南側で、この国道と府道を結ぶ道路も開かれ、大和川を渡る国分寺大橋が架けられている。右の地図で、府道183号線が走る青谷付近に見える「鳥居」の地図記号は、金山彦神社である。地元の氏神として大池の畔に鎮座しており、金属や火に関する事業に功徳があると伝えられている。

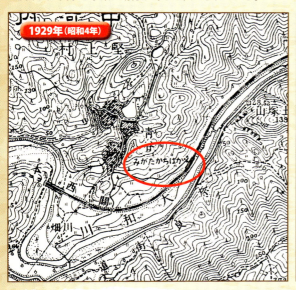
1929年（昭和4年）

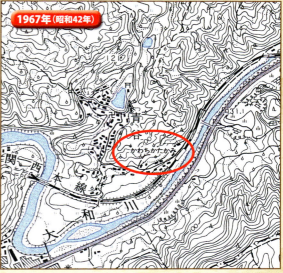
1967年（昭和42年）

1971年（昭和46年）

大和川を渡るD51牽引の客車列車。港町～奈良間の電化工事が完成した後も電化開業までの僅かな間、イベント等で蒸気機関車が旅客列車を牽引する機会が度々あった。

撮影・安田就視

Ōji St.
王寺
おうじ

現在の王寺駅。

【王寺駅】
開業年	1890(明治23)年12月27日
所在地	奈良県北葛城郡王寺町久度2-6-10
ホーム	3面5線
乗車人員	24,404人
キロ程	25.6km (JR難波起点)

奈良県南部の一大ターミナル駅、1890年に開業
和歌山線と接続、近鉄生駒線・田原本線と連絡

1957年(昭和32年)

構内でキハ17と並んだC58は客車の先頭に立っている。蒸気列車は和歌山線へ向かうのだろうか。D51の印象が強い関西本線だが、奈良機関区には支線等用に多数のC58が配置されていた。

撮影：日比野利朗

1967年(昭和42年)

橋上駅舎が誕生する前年、地平駅舎だった最後の時期の王寺駅。長い歴史と伝統のターミナル駅であり、奈良県を代表する駅のひとつであった。大きな瓦屋根をもつ立派な外観で、駅前の空間も広かった。

撮影：荻原二郎

　大和路線の王寺駅は、奈良県南部を代表するターミナル駅である。大和路線のほか、JRの和歌山線が乗り入れ、近鉄の生駒線にも王寺駅が置かれている。また、北西の新王寺駅で近鉄田原本線と連絡している。

　王寺駅は1890（明治23）年12月、大阪鉄道が奈良～王子間を開通した際に開業している。1891年2月、大阪側の稲葉山仮停車場（後に廃止）まで延伸して途中駅となった。同年3月には現在の和歌山線にあたる部分の王寺～高田間が開業した。1900年に関西鉄道の駅となり、1907年に国鉄の駅に変わった。

　また、大和鉄道が1918（大正7）年4月、新王寺～田原本（現・西田原本）間で開業。信貴生駒電気鉄道が1922年5月、王寺～山下（現・信貴山下）間を開業させたことで連絡駅となった。その後、大和鉄道が信貴生駒電鉄と合併、さらに近鉄と合併したことで、近鉄生駒線の王寺駅、田原本線の新王寺駅と変わった。両駅ともにJR駅の北側に存在している。現在のJR王寺駅の構造は、単式1面1線、島式2面4線のホームを有する地上駅で、橋上駅舎となっている。この橋上駅舎は1978（昭和53）年1月に完成、旧駅舎（地平）は日本旅行の店舗となった。主要駅であり、大和路線と和歌山線のすべての列車が停車する。

　駅の所在地は、葛城郡の王寺町久度であり、この王寺町は、1889年に誕生した王寺村が1926年に町制を施行して誕生している。

古地図探訪

王寺駅付近

大和川とその支流である葛下川に囲まれる形になっている王寺町、王寺駅付近の2枚の地図である。この王寺駅・新王寺駅には、四方から関西線をはじめとする鉄道が集まり、交通の要地であったことがわかる。左の地図では、市街地はまださほど広くはなく、北西に久度神社があり、西側に信貴生駒電気鉄道の山下（現・信貴山下）駅が置かれている。その西に見える役場の地図記号は、三郷村（現・三郷町）の役場である。

右の地図では、北側に明治橋、昭和橋が架かり、これらの橋付近まで市街地が拡大している。南側では葛下川が流れ、国道168号が通っている付近に、王寺町役場が置かれている。町名は「王寺」ではあるが、この当時は「王子」の地名が存在していたことがわかる。

1929年（昭和4年）

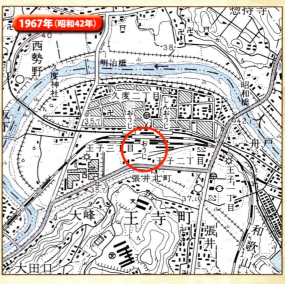

1967年（昭和42年）

1986年（昭和61年）

王寺駅の橋上駅舎からは、南口の駅前ロータリーに向かう歩道橋（久度大橋）が延びており、下には電留線が広がっている。この橋上駅舎は1978年に完成した。

撮影：高木英二(RGG)

Hōryūji St.
法隆寺
ほうりゅうじ

聖徳太子ゆかりの寺院、世界遺産の法隆寺から
駅の開業は1890年、大阪鉄道の中間駅として

現在の法隆寺駅。

【法隆寺駅】	
開業年	1890（明治23）年12月27日
所在地	奈良県生駒郡斑鳩町興留9-1-1
ホーム	2面2線
乗車人員	7,209人
キロ程	29.2km（JR難波起点）

見どころ

【法隆寺】
1993年に「法隆寺地域の仏教建造物」として、ユネスコの世界遺産に登録された法隆寺。聖徳宗の総本山である。

1972年（昭和47年）

法隆寺駅は2007年に改築されて橋上駅舎となり、法隆寺をイメージした瓦屋根をデザインした和風の外観に仕上げられた。これは改築される前の姿で、ローカル調の駅舎であった。

撮影：荻原二郎

　法隆寺駅は、大阪鉄道が王寺〜奈良間を開通させた1890（明治23）年12月に中間駅として開業した古い歴史をもつ。ここにはさらに歴史の長い、世界遺産のひとつである法隆寺が存在し、寺院名が駅名となっている。法隆寺は7世紀に創建された聖徳太子ゆかりの寺院で、金堂、五重塔を中心とする西院伽藍は、現存する世界最古の木造建築群として知られている。
　法隆寺駅は1900年に関西鉄道の駅となり、1907年に国鉄の駅となった。現在では法隆寺や中宮寺、そして斑鳩町の玄関口となっている。現在の駅の構造は、相対式2面2線の地上駅であり、橋上駅舎を有している。この橋上駅舎は2007（平成19）年3月に完成した。それまでは、単式1面1線、島式1面2線の複合型ホームをもち、上下線それぞれに改札口があり、ホーム間は跨線橋で結ばれていた。大和路快速、快速を含む全列車が停車する。
　この駅名、地名になっている法隆寺は、駅の北西約1.5キロ離れた場所に位置している。付近には中宮寺や藤ノ木古墳といった歴史的に有名な神社、遺跡があり、観光客が集まる場所でもある。法隆寺駅と寺院の間には、国道25号が通り、沿道に斑鳩町役場や斑鳩小学校などが置かれている。また、駅の南側には、王寺駅付近まで関西線に沿っていた大和川が流れ、駅付近から延びる県道5号が御幸大橋を渡った先には西名阪自動車道が通り、法隆寺インターチェンジが置かれている。

古地図探訪

法隆寺駅付近

左の地図では北側に法隆寺村と富郷村があり、南側に安堵村があった。富郷村と法隆寺村は竜田町と一緒になり、1947年に斑鳩町が誕生している。安堵村は1986年に安堵町になり、現在に至っている。この当時は法隆寺駅の南側には、大阪電気軌道法隆寺線（天理機関鉄道）の新法隆寺駅が存在していた。この路線は1915年、天理軽便鉄道の天理・新法隆寺間として開業し、第二次世界大戦中の1945年に休止、そのまま廃止となった。

下の地図では、法隆寺駅の西側に法隆寺団地が誕生し、各所で住宅地の開発が始まっていたことがわかる。北側の法隆寺付近では、国道25号が整備され、南側にあった法隆寺村役場の地図記号が北側に移り、斑鳩町の役場となっている。

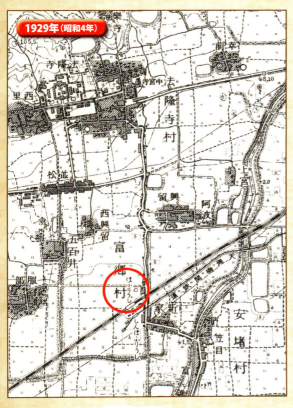

1929年（昭和4年）

1967年（昭和42年）

1928年（昭和3年）
提供：朝日新聞社

1928年7月、大阪電気軌道法隆寺線に導入された日本車輌製の小型ガソリンカー（軌道自動車）。天理軽便鉄道が敷設した軌間762mmの軽便線を走った。

1972年（昭和47年）
撮影：荻原二郎

法隆寺構内を行くキハ35の快速。非電化時代のホーム周辺は電化され、橋上駅舎が跨ぐ現在よりも広々としているように見える。駅前周辺の静かな佇まいは、今日まで大きく変わらない。

77

Yamato-Koizumi St.
大和小泉
やまとこいずみ

1920年、法隆寺〜郡山間に新駅として誕生
片桐氏が藩主を務めた小泉城と片桐町の歴史

【大和小泉駅】
開業年	1920（大正9）年8月25日
所在地	奈良県大和郡山市小泉町492-3
ホーム	2面2線
乗車人員	7,898人
キロ程	32.4km（JR難波起点）

現在の大和小泉駅。

1971年（昭和46年）

近畿日本鉄道橿原線との交差付近を行くキハ17等3両編成の快速。1961年に新キハ35が関西本線に投入された後も、キハ16、17は新鋭車と混用され、快速の運用に就く機会も多かった。
撮影：野口昭雄

　大和路線は斑鳩町との境目付近を走って安堵町に入るが、この町には駅は置かれていない。次の大和小泉駅は郡山市小泉町となる。駅の開業は1920（大正9）年8月で、法隆寺〜郡山間に新設された駅である。現在の駅の構造は相対式ホーム2面2線の地上駅で、橋上駅舎を有している。この橋上駅舎は2001（平成13）年3月に完成した。大和路快速、快速などすべての列車が停車する駅である。
　大和路線は、この大和小泉駅と郡山駅との中間で近鉄橿原線と交差することになる。交差点付近には駅は存在せず、橿原線には北側に大和郡山駅、南側に筒井駅が置かれている。筒井駅は大和小泉駅の東、約1キロの場所であり、2つの駅は乗り換えには適していない。
　大和小泉駅が存在するあたりは現在、郡山市の一部であるが、1957（昭和32）年までは生駒郡の片桐町（村）であった。この地には片桐城とも呼ばれた小泉城があり、江戸時代には小泉藩が置かれていた。当初の城主だった小泉氏は、もともとは興福寺衆徒で、後に筒井氏の家臣となった。その後は、豊臣秀吉の弟である秀長が大和国を治め、その家臣が城主となった後、江戸時代には片桐且元の弟、片桐貞隆が小泉城（小泉陣屋）に入り、小泉藩がスタートした。2代藩主は茶人として有名な石州流の祖、片桐貞昌で、江戸時代を通じて藩主を務めた。1889年に片桐村が誕生し、1950年に片桐町となっていた。

古地図探訪

大和小泉駅付近

左の地図では片桐村や富郷村があり、関西線とともに大阪電気軌道天理線（天理機関鉄道）が通っていた。関西線には大和小泉駅があり、南側を走る大軌天理線には、大和安堵駅が置かれていた。この駅は1916年に天理軽便鉄道の安堵駅として開業。1945年に休止、1952年に廃駅となった。この時期には、ほとんどは田畑が広がる場所で、名物ともいえる溜め池が多数存在していた。右の地図では、東西に走る国道25号が既に開通しており、駅の南側では大和中央道の計画線が見える。この道路は1966年に整備が決定されたが、現在もまだ全通に至らず、奈良県道249・108号として使用されている。南側には現在、西名阪自動車道が開通している。

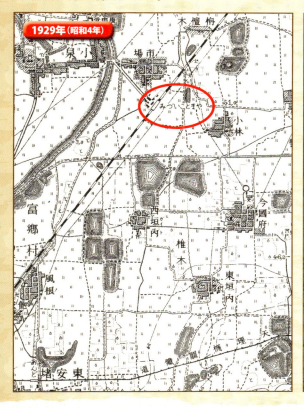

1929年（昭和4年）

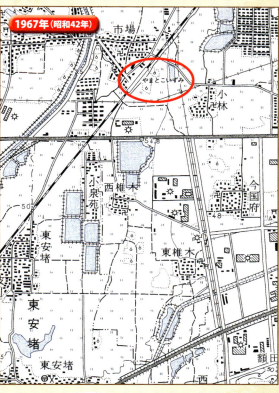

1967年（昭和42年）

見どころ

【慈光院】
石州流の茶道の始祖で、小泉藩主だった片桐貞昌が創建した臨済宗大徳寺派の寺院。国の重要文化財である書院、茶室・高林庵や庭園で知られる。

1986年（昭和61年）

瓦屋根をもつ小さな地平駅舎だった大和小泉駅。この頃は西側に小さなロータリーが存在した。2001年に橋上駅舎に変わり、東口側にバス停をもつ大きなロータリーが誕生している。

撮影：高木英二(RGG)

79

Kōriyama St.

郡山
こおりやま

【郡山駅】

開業年	1890（明治23）年12月27日
所在地	奈良県大和郡山市高田町108-3
ホーム	2面2線
乗車人員	5,069人
キロ程	36.2km（JR難波起点）

金魚で有名、城跡公園ある大和郡山市の玄関口
西側に近鉄線の近鉄郡山駅。中間に市役所存在

現在の郡山駅。

1972年（昭和47年）

郡山駅は、この当時は平屋建ての平凡な外観の駅であった。11年後の1997年には橋上駅舎になり、筒井順慶、豊臣秀長らが城主を務めた、郡山城をイメージした美しい駅に変わった。

撮影：荻原二郎

　大和路線の郡山駅は近鉄橿原線の近鉄郡山駅と並んで、金魚などで有名な大和郡山市の玄関口となっている。同名の駅が福島県の東北本線にも存在し、鉄道院であった時代に、「大和郡山」の駅名に改称する方針が示されたが、地元住民が東大寺の文書を示して歴史の古さを主張し、現在まで「郡山」の駅名を守っている。

　駅の開業は1890（明治23）年12月、大阪鉄道の王寺〜奈良間の開通時である。1900年に関西鉄道の駅となり、1907年に国鉄の駅となった。現在の駅の構造は相対式ホーム2面2線の地上駅で、橋上駅舎を有している。この橋上駅舎は1997（平成9）年2月に完成した。大和路快速、快速を含む全列車が停車する。

　駅の西側には近鉄橿原線が通り、近鉄郡山駅が置かれている。こちらの駅は1921（大正10）年に大阪電気軌道畝傍線の終着駅である郡山駅として開業した。その後、中間駅となり、1928（昭和3）年に大軌郡山駅となった。その後も改称を重ね、1970年に現在の駅名となっている。両駅の間には大和郡山市の市役所が置かれている。

　近鉄郡山駅の北西には、郡山城跡（公園）が存在する。平安時代から、ここには環濠集落があり、室町時代には郡山城となっていた。筒井氏の城となった後、豊臣秀吉の弟、秀長が大和国など100万石を領する城主として入城したことでも知られる。江戸時代には、本多氏、柳沢氏が城主を務めた。

古地図探訪

郡山駅付近

現在、東にJR関西線、西に近鉄橿原線が通る、郡山・近鉄郡山駅周辺の2枚の地図である。北側には秋篠川、南側には佐保川の流れが見える。江戸時代以前から城下町として発展してきた場所であり、左の地図でも既に両線の間で市街地が広がっている。一方、右の地図では市街地が近鉄線の西側、国鉄線の東側に拡大されている様子が見える。現・近鉄郡山駅の北西に郡山城跡、柳澤神社があり、その南側に旧制郡山中学校（現・高校）が存在した。線路を挟んだ東側に町役場（後に市役所）が置かれている。2枚の地図では、郡山駅の周辺に工場の地図記号が点在していることもわかる。ほとんどの工場は、現在までに移転などで姿を消し、団地やマンションなどに変わっている。

1929年（昭和4年）

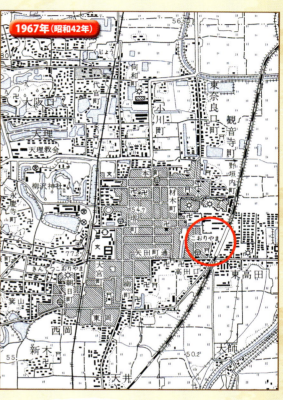

1967年（昭和42年）

リニア新幹線

　2037年を目標とする「リニア新幹線」の名古屋〜大阪間の開通に向けては、京都府、奈良県で新駅の誘致合戦が始まっている。奈良県では、大和郡山市が名乗りを上げ、郡山駅に「リニア新幹線は、ど真ん中駅、大和郡山へ」の誘致看板も掲げられている。奈良県内では、ほかに奈良市、生駒市も新駅誘致に手を挙げている。
　一方、京都府では当初、京都駅への乗り入れを要望していたものの、現実的にはこのルートは難しく、府南部への新駅誘致も視野に入れているようだ。

見どころ

【金魚養殖池】
大和盆地を囲む山々を背景に広がる、郡山付近の金魚養殖池。昭和40年代には全国シェアの50パーセントを誇った。

81

Nara St.
奈良
なら

【奈良駅】
開業年	1890（明治23）年12月27日
所在地	奈良県奈良市三条本町1－1
ホーム	3面5線
乗車人員	乗18,071人
キロ程	41.0km（JR難波起点）

歴史・観光都市・奈良の玄関口、桜井線と接続
奈良公園西側にJR駅、北東に近鉄奈良駅あり

現在の奈良駅。

方形屋根に相輪をもつ和洋折衷様式、寺院風の二代目駅舎は1934年に完成した。その後、高架化に伴って取り壊される予定だったが、一転、保存されることになった。現在は北西に18メートル移動した位置で、奈良市総合観光案内所として使用されている。

1972年（昭和47年）

撮影：荻原二郎

　奈良県の県庁所在地であり、国際的な観光都市でもある奈良市の玄関口が、この奈良駅である。しかし、私鉄王国の関西では近鉄奈良線の近鉄奈良駅に比べると、1日の乗降客数は約半分ほどで、大和路線、万葉まほろば線では特急列車は運転されていない。
　奈良駅は1890（明治23）年12月、大阪鉄道が王寺〜奈良間を開通した際に終着駅として開業した。1896年4月には、奈良鉄道の木津〜奈良間が開業し、1899年には現・桜井線の京終駅まで延伸している。1905年には奈良鉄道と関西鉄道が合併し、後者の駅となった。1907年には国鉄の駅に変わっている。
　現在の奈良駅は2010（平成22）年3月に誕生した3階建ての駅舎（高架駅）で、島式ホーム3面5線を有している。同年10月には東西自由通路も完成し、ビエラ奈良が先行オープンした。2012年3月にはビエラ奈良が全面開業している。それ以前は寺院風の木造駅舎（二代目）があり、移動・保存されて奈良市総合観光案内所として使用されている。
　この駅の所在地は奈良市三条本町で、東大寺や興福寺、奈良国立博物館などがある奈良公園からは。少し離れた西側にある。奈良市のメーンストリートである大宮通（国道369号）の南側にあたり、近鉄奈良駅付近にある奈良県庁からも少し離れている。奈良市役所は、北西の近鉄・新大宮駅付近に置かれている。

古地図探訪

奈良駅付近

国鉄の関西本線、桜井線、現・近鉄奈良線がが集まる奈良市内の2枚の地図である。東西に走るのは、大阪電気軌道（現・近鉄奈良線）である。左の地図では、国鉄線に奈良駅があり、大軌線には油阪駅、大軌奈良駅が置かれている。この大軌奈良駅は1914年に奈良駅として開業、この前年（1928年）に大軌奈良駅に改称していた。右の地図では近畿日本奈良駅であり、1970年に近鉄奈良駅となった。油阪駅は1969年に廃止され、新しい地下線の駅として新大宮駅が開業している。2枚の地図を比較すると、奈良市の市街地が西側に大きく広がっていることがわかる。左の地図で、奈良女子高等師範学校だった女子校は戦後、奈良女子大学となっている。右の地図では、この北西に奈良育英高校・中学・小学校が誕生している。

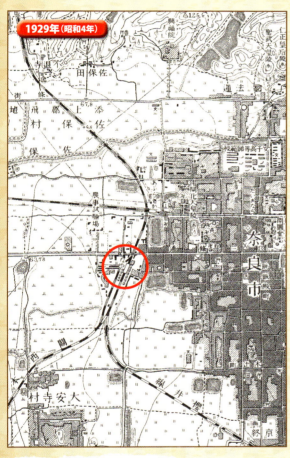

1929年（昭和4年）

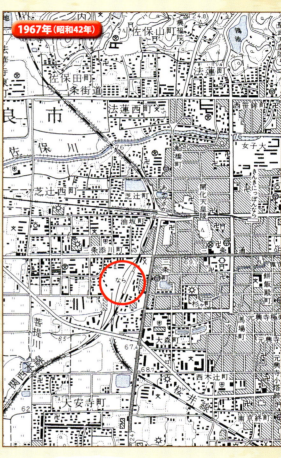

1967年（昭和42年）

1959年（昭和34年）

第二次世界大戦後の関西本線で、湊町～名古屋間全線を結ぶ準急が運転された。1950年代に気動車化された後は、沿線に加太越え等の山間区間を走破すべくキハ50、51形等、強力な機関を搭載した車両が充当された。

撮影：中西進一郎

1972年（昭和47年）

奈良機関区（後の奈良運転所）は、関西本線をはじめ地域路線に運転される蒸気機関車が所属する一大車両基地だった。写真右側のD51は、かまぼこ型ドームに船底テンダーを備える戦時設計の車両だ。

撮影：野口昭雄

1958年（昭和33年）

駅のホームからも機関車が出入りする様子を観ることができた奈良運転所の扇形庫。画面には多数在籍したD51の他、C57や8620等、多様な形式の蒸気機関車が写っている。

撮影：中西進一郎

1965年（昭和40年）

奈良駅に到着した気動車特急「あすか」の試運転列車。この年（1965年）から、「くろしお」の車両を活用する形で、名古屋〜東和歌山（現・和歌山）間での運行が始まった。

提供：朝日新聞社

84

『奈良市史』に登場する関西本線

関西鉄道と大仏線

　関西鉄道は明治20年(1887)、滋賀県の阿部市郎兵衛・井伊直憲らが発起した計画に、滋賀県知事中井弘が世話をしてすすんだという。はじめの計画は、滋賀・名古屋・三重・大阪・京都を結び、さらに京都から丹波を経て宮津までの路線も予定していた。創立委員代表には木村誓太郎・谷元道之(東京馬車鉄道の創始者)らがなって政府に特許申請した。

　しかし、政府つまり内閣の鉄道局は、東の木曽川を渡る工事、北は丹波の山間部をとおる工事は不可能と指摘したから、計画の練りなおしとなった。翌明治21年(1888)正月23日にはあらためて「関西鉄道会社設立并起業ノ議ニ付請願」として、「草津〜四日市間、桑名〜四日市間、河原田〜津間の三線同時着手、六ヶ年ヲ期シ竣功」させる予定とした。さらに「将来、政府若クハ他ノ会社ニ於テ本社出願線路中ヨリ分岐シ伊賀大和両国地方ニ延長シ、大阪鉄道会社ヨリ布設出願ノ線路ニ聯絡スル鉄道布設実施セラレ、儀有之候ハ、本社全線路ヲ挙テ政府ナレハ御買上ヲ願ヒ会社ナレハ之ト合併候様可致……」とものべ、「定款」もそえて出願したのであった。その定款によると、本社は四日市で、会社の資本金は300万円である。このたびの出願には、同日付で三重県知事代理書記官と滋賀県知事の許可稟請がつけられていた。

　これにたいし、同年2月13日の鉄道局長官の総理大臣宛への具申を要約すると、「これまでのいろいろな指令つまり仮免状とみなされるものは、すべて無効にして新しく免許状を下付してもよい。なお、請願中にある、将来、大阪鉄道の線路と連絡させることは望ましいことである」としている。出願は3月1日に認可され、「……其鉄道用地ハ国税ヲ免除ス、但シ此免許状下付ノ日ヨリ起算シ、六個年以内ニ於テ工事ヲ竣功スベシ」という総理大臣からの免許状であった。

　さっそく、工事がすすめられ、明治23年(1890)12月15日には四日市と官設鉄道の草津間(79.4キロ)が開通、河原田〜津間は亀山〜津間(15.7キロ)に路線の変更を許されて、翌24年の11月4日に開通した。四日市〜桑名間(13.2キロ)も一部路線の変更を許され、明治27年(1894)7月には桑名仮駅と結び、翌年5月、桑名駅まで開業した。この間、官設鉄道名古屋駅と接続させる苦労をつづけ、ようやく明治29年(1896)7月に、愛知駅を開設、関西鉄道は自社の起点とした。

　これよりさき関西鉄道は明治26年(1893)2月18日、柘植から奈良までの線路延長を申請し、3月の鉄道会議で承認された。ところが、この区間は、すでに政府の「鉄道敷設法」による予定線になっていたが、27年6月に認可があり、翌28年1月28日に免許状の下付を得たのであった。ただちに着工、29年末には柘植〜上野間(14.6キロ)が竣工、翌年10月には上野〜加茂間(26.3キロ)を開業させた。31年(1898)4月19日になって、加茂〜大仏駅(現奈良市法蓮町)間(8.8キロ)が開通した。名古屋から奈良へ鉄道が通じたのである。そして、翌32年5月には大仏駅は奈良駅に連絡した。

　大仏駅は、一条通りをこえたところ、法蓮駐在所あたりから佐保川右岸までであった。

（中略）

関西鉄道から国有鉄道へ

　関西鉄道は、明治31年(1898)、木津から大阪網島へ路線を通じたが、このころから大阪鉄道を合併する意見が出はじめた。大阪鉄道もこれに応じて交渉をすすめたが、合併条件があわずいったんは決裂した。しかし、山陽鉄道社長松本重太郎の仲介が功を奏し、33年6月、大阪鉄道が全財産を関西鉄道に譲って任意解散、合併が実現した。

　このころから、関西鉄道と官営東海道線との間で、大阪〜名古屋間の貨客の争奪をめぐって運賃引き下げ競争が激しくなり、35年8月になると、関西鉄道は手拭いなどの粗品サービスをしたりした。そのため9月には、双方で覚書をかわして、行きすぎた競争を自粛することにし、名古屋方面では翌36年、名古屋商工会議による調停がまとまった。これをうけて同年11月、両者で話しあって京都〜奈良間に連絡列車を走らせている。

　そのあと、近畿の諸鉄道の間に合併の気運が高まり、37年末、奈良鉄道も関西鉄道への合併を決定、翌38年2月7日に引き渡しを完了して解散した。関西鉄道では、加茂から新木津までの路線と新木津駅を廃止し、39年8月になって、大仏線は廃線にすることを決定した。

　なお、奈良県には大阪鉄道・奈良鉄道のほか南和鉄道(高田〜五條間、明治29年開通)と紀和鉄道(五條〜和歌山間、明治31年開通)があったが、紀和鉄道は明治37年8月に、南和鉄道は12月に、いずれも関西鉄道に合併した。こうして、奈良県内の鉄道はすべて関西鉄道の傘下に入ることになった。

　ところが、この年の3月31日、鉄道国有法の公布があり、関西鉄道も全国の主要な私設鉄道16社とともに国有化の対象とされた。日露戦争の軍事輸送の経験から一貫輸送の必要を痛感した軍部の強い要望によるものであった。関西鉄道では、鉄道国有法が買収の対象としている幹線にあたらないとして、総理大臣宛国有除外請願書を提出するとともに貴衆両院にも懇願書を送ったりしたが、除外はもちろん認められなかった。40年4月4日の逓信

省告示第233号をもって、政府への引き渡し日は10月1日と指定された。その当日、湊町事務所で、関西鉄道社長と帝国鉄道庁総裁との間で引き継ぎがおこなわれ、線路481.5キロ(未開業29.4キロをふくむ)、車両1965両(機関車121両、客車571両、貨車1273両)など一切の財産が国に引き渡された。買収価格は3612万9873円33銭4厘であった(明治41年10月決定)。こうして、県内の鉄道はすべて国有鉄道となったのである。

Saho / Narayama St. / Kizu St. / Kamo St.
佐保(信)、平城山、木津、加茂

昭和後期に佐保信号場、平城山駅。木津は接続駅
JR難波から加茂駅までが「大和路線」の愛称を使用

【平城山駅】
開業年	1985(昭和60)年12月1日
所在地	奈良県奈良市佐保台1-840-1
ホーム	2面2線
乗車人員	1,338人
キロ程	44.8km（JR難波起点）

【木津駅】
開業年	1896(明治29)年3月13日
所在地	京都府木津川市木津池田116-2
ホーム	2面4線
乗車人員	4,123人
キロ程	48.0km（JR難波起点）

【加茂駅】
開業年	1897(明治30)年11月11日
所在地	京都府木津川市加茂町駅西1-6-3
ホーム	2面3線
乗車人員	2,385人
キロ程	54.0km（JR難波起点）

撮影：荻原二郎

関西鉄道時代からの歴史を引き継ぐ、堂々たる2階建ての木造駅舎の姿を留めていた頃の加茂駅。現在は、1999年に誕生した橋上駅舎が使用されている。

1960年代の木津駅前。

　大和路線（関西本線）は、奈良駅から先も終着駅である名古屋駅に向けて進んでゆく。このうち、大和路線と呼ばれているのは3つ先の加茂駅までの区間である。
　次の駅は平城山駅となるが、その間には佐保信号場が置かれている。この信号場は、吹田総合車両所奈良支所（奈良電車区）への回送列車のため、1984年8月に開設された。平城山駅は1985年12月に開業した新しい駅で、平城ニュータウンの東部に位置する。駅の構造は相対式ホーム2面2線を有する地上駅で、橋上駅舎を有している。
　次は学研都市線（片町線）、奈良線と接続する木津駅である。この区間の関西本線は、奈良鉄道時代の1896（明治29）年3月に玉水〜木津間、翌月に木津〜奈良間が開

業し、木津駅がスタートを切っている。　この先、観音寺峠の下を通る関西線は逆S字状にカーブして、加茂駅に至る。木津駅と加茂駅の駅間は6.0キロとかなり長くなっている。
　加茂駅は1897（明治30）年11月、関西鉄道が伊賀上野〜加茂間を開通させたときに開業している。1898年4月、大仏駅（後に廃止）まで延伸し、途中駅となった。この路線は大仏線、大仏鉄道などと呼ばれたが、1907年に加茂〜木津間の新線が開通したことで廃止された。現在の駅舎は、2面3線の島式ホームの地上駅で橋上駅舎を有している。

古地図探訪

加茂駅付近

北東から南西へ、木津川が流れる加茂駅付近の地図であり、この川には恭仁大橋が架かっている。この橋の名称「恭仁」は奈良時代、この地に聖武天皇が建設した「恭仁京」に由来するが、短期間しか存在せずに終わり、宮城の跡地は山城国国分寺に転用された。この橋を通る京都府道44号は、北側で国道163号と合流し、現在はその付近に木津川市立恭仁小学校が置かれている。一方、南側の加茂駅付近では、この道路は府道47号と合流する。左の地図（1929）年では、加茂駅付近には見えなかった市街地は、右の地図（1967年）ではかなり大きく広がっている。また、加茂駅付近には加茂町の新しい町役場が見え、現在は木津川市役所加茂支所となっている。

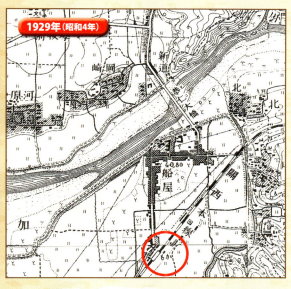

1929年（昭和4年）

1967年（昭和42年）

木津駅に停車するキハ45。朱色5号1色に塗られた晩年の姿だ。ホームの奥には片町線の101系が停車する。奇しくも路線の色がはっきりと分かれ、利用客が目的の列車を識別しやすい状況となっている。

1982年（昭和57年）

撮影：安田就視

【著者プロフィール】
生田 誠（いくた まこと）
1957（昭和32）年、京都市東山区生まれ。
東京大学文学部美術史学専修課程修了。産経新聞社東京本社、大阪本社の文化部ほかに勤務。現在は地域史・絵葉書研究家として、内外の絵葉書の収集・研究および地域資料の発掘、アーカイブ構築などを行う。河出書房新社、集英社、学研パブリッシング、彩流社、アルファベータブックス、フォト・パブリッシング等から著書多数。

【写真提供】
荻原二郎、中西進一郎、野口昭雄、林 嶢、日比野利朗、安田就視、山本雅生
RGG（荒川好夫、高木英二、松本正敏、森嶋孝司）
木津川市、東大阪市、八尾市、朝日新聞社

【執筆協力】
牧野和人（鉄道写真の解説）

◎放出駅構内に停まるD51形蒸気機関車。
1968年、撮影：林 嶢

学研都市線、大和路線
街と駅の1世紀

発行日……………2017年12月5日　第1刷　※定価はカバーに表示してあります。

著者………………生田 誠
発行者……………茂山和也
発行所……………株式会社アルファベータブックス
　　　　　　　　〒102-0072　東京都千代田区飯田橋 2-14-5　定谷ビル
　　　　　　　　TEL. 03-3239-1850　FAX.03-3239-1851
　　　　　　　　http://ab-books.hondana.jp/

編集協力…………株式会社フォト・パブリッシング
デザイン・DTP………柏倉栄治
印刷・製本………モリモト印刷株式会社

ISBN978-4-86598-831-4 C0026
なお、無断でのコピー・スキャン・デジタル化等の複製は著作権法上での例外を除き、著作権法違反となります。